BULLETIN OFFICIEL
DU
MINISTÈRE DE LA GUERRE.

RÈGLEMENT
SUR LE
SERVICE DE L'HABILLEMENT
DANS LES
CORPS DE TROUPE.
(MASSE D'HABILLEMENT.)

Edition mise à jour des textes en vigueur jusqu'au 15 septembre 1898.

PARIS
HENRI CHARLES-LAVAUZELLE
Éditeur militaire
118, Boulevard Saint-Germain, Rue Danton, 10

(MÊME MAISON A LIMOGES)

BULLETIN OFFICIEL

DU

MINISTÈRE DE LA GUERRE.

N° 1. *Règlement sur le service de l'habillement dans les corps de troupe.*

TITRE Ier.

RÈGLES GÉNÉRALES CONCERNANT LES ALLOCATIONS.

CHAPITRE Ier.

RÈGLES D'ALLOCATIONS.

Prestations.

Art. 1er. Dans les corps de troupe, il est pourvu à l'habillement et à l'équipement des hommes de troupe (adjudants, chefs armuriers et maîtres selliers exceptés) au moyen de prestations en deniers.

Droit aux prestations exercé au profit du corps.

Art. 2. Le droit aux prestations du service de l'habillement attribué à l'homme de troupe ne s'exerce pas à son profit personnel, mais au profit du corps auquel il appartient.

Bases des allocations.

Art. 3. Les prestations du service de l'habillement sont dues dans les mêmes cas que la solde de présence.

Pour chaque journée donnant droit à la solde de présence, il est alloué au corps une journée de prime d'habillement en deniers, fixée par le tarif n° 1.

Indépendamment de ces primes journalières, le corps reçoit des primes fixes et des primes mensuelles dont la quotité est déterminée par le même tarif.

Matériel mis à la disposition du corps.

Art. 4. Les corps sont pourvus, gratuitement et sans imputation à leur crédit, des effets ou objets énumérés au tableau n° 1 qui leur sont nécessaires en temps de paix et au moment de la mobilisation.

Ils en font usage conformément aux instructions ministérielles.

CHAPITRE II.

MASSE D'HABILLEMENT.

Constitution et objet de la masse d'habillement.

Art. 5. L'ensemble des prestations en deniers allouées à un corps de troupe d'après les fixations du tarif n° **1**, constitue sa masse d'habillement.

Cette masse pourvoit **à** toutes les dépenses de l'habillement, y compris l'entretien de tous les approvisionnements de ce service, autres que les approvisionnements dits *spéciaux* désignés au tableau 4, annexé à l'instruction pour l'application du présent règlement, ainsi que les indemnités à allouer aux gestionnaires de ces approvisionnements.

Elle fait les avances nécessaires pour payer les dépenses du service d'habillement qui doivent être ultérieurement remboursées au corps.

Elle supporte certaines dépenses générales déterminées par les instructions ministérielles, ainsi que les dépenses de la musique ou de la fanfare dont le corps a l'administration.

Division en fonds commun et fonds particuliers.

Art. 6. La masse d'habillement du corps se divise en fonds commun et fonds particuliers.

Le fonds commun est destiné à pourvoir aux dépenses communes à l'ensemble du corps et, dans certains cas, à venir en aide aux compagnies; il est géré par le conseil d'administration central ou par les conseils éventuels.

Les fonds particuliers sont destinés à pourvoir aux dépenses spéciales à chaque unité administrative; ils sont gérés par les commandants de compagnie, d'escadron ou de batterie (1).

Recettes de la masse.

Art. 7. A la formation d'un corps de troupe ou au moment de son passage au système prescrit par le présent règlement, le Ministre fixe la première mise qui lui est allouée au titre de la masse d'habillement.

Ensuite, cette masse fait normalement recette :

1° De toutes les allocations déterminées au tarif n° 1, selon les subdivisions d'armes et l'organisation du corps;

2° Du montant des mandats ou ordonnances délivrés au profit

---

(1) Toutes les fois que dans le cours du présent règlement, on emploie le mot « compagnie » il est entendu que ce mot signifie unité administrative, c'est-à-dire compagnie, escadron, batterie ou section.

du corps et de tout envoi de fonds, soit pour remboursement d'avances, soit pour payement d'effets passés à un autre corps;

3° De la valeur des matières et effets cédés par le corps dans les conditions prévues par les règlements.

Elle peut éventuellement faire recette des allocations accordées par le Ministre pour remboursement des pertes subies dans les cas de force majeure, tels qu'ils sont définis par le règlement sur la comptabilité des matières appartenant au département de la guerre.

La masse d'habillement peut également recevoir du Ministre un secours sur les fonds du service de l'habillement.

Mesures à prendre dans le cas de modification à la constitution ou à l'effectif du corps.

Art. 8. Lorsque des modifications constitutives sont apportées soit à l'organisation d'un corps, soit à son effectif, des décisions ministérielles spéciales déterminent, dans chaque cas, l'importance de l'augmentation ou de la réduction de sa masse d'habillement.

Répartition de la masse entre les diverses fractions du corps.

Art. 9. Lorsque le corps est divisé ou sur le point de se diviser, le conseil d'administration, *présidé par le chef de corps*, décide si la partie de la masse d'habillement, autre que celle confiée à la gestion des commandants de compagnie, sera perçue et administrée à la portion centrale pour l'ensemble du corps, ou si elle sera divisée entre les diverses fractions.

Dans le cas où la division est décidée, le même conseil détermine la part à attribuer à chaque fraction du corps (1).

Copies authentiques des délibérations successives sont adressées par le président du conseil d'administration au sous-intendant militaire chargé de la surveillance administrative du corps; celui-ci en informe ses collègues intéressés.

Payement de la masse d'habillement.

Art. 10. La masse d'habillement est payée au corps par mois et à terme échu.

(1) Voir le nota inscrit en regard des primes mensuelles fixées par le tarif n° 1 annexé au présent règlement.

CHAPITRE III.

DÉCOMPTES DE LIBÉRATION.

Etablissement des décomptes de libération.

Art. 11. Le décompte des prestations du service de l'habillement est établi sur un tableau annexé aux revues générales de liquidation concernant le service de la solde. (Modèle nº 3 annexé au présent règlement.)

TITRE II.

RÈGLES GÉNÉRALES CONCERNANT LE MATÉRIEL.

CHAPITRE Ier.

COMPOSITION DES APPROVISIONNEMENTS.

Division des approvisionnements.

Art. 12. Les approvisionnements du service de l'habillement, dans chaque corps, se divisent en :

1º Approvisionnement de l'Etat;
2º Approvisionnement du corps;
3º Approvisionnement des compagnies.

Approvisionnement de l'Etat.

Art. 13. L'approvisionnement de l'Etat est une réserve destinée à parer aux besoins généraux d'une mobilisation; il comprend :

1º Les effets d'habillement, de grand et de petit équipement, de coiffure et de campement nécessaires à l'armée active, au moment d'une mobilisation, en plus des approvisionnements du corps et des compagnies;

2º Les effets de mobilisation nécessaires aux unités administratives de la réserve de l'armée active et de l'armée territoriale et les approvisionnements spéciaux dont la gestion est confiée aux corps de l'armée active.

Approvisionnement du corps.

Art. 14. L'approvisionnement du corps est une réserve spéciale, plus particulièrement destinée à servir d'intermédiaire entre les magasins administratifs et les compagnies pour assurer les besoins de ces dernières en temps de paix ou à la mobilisation; il se divise en deux portions :

La première portion comprend les matières, effets et accessoires que le corps doit toujours, en temps de paix, recevoir des magasins administratifs, ou qu'il est autorisé à confectionner. (Tableau nº 2.)

La deuxième portion se compose des matières, effets et accessoires que le corps est autorisé à acheter directement ou qu'il ne reçoit qu'éventuellement des magasins administratifs.

Approvisionnement des compagnies.

Art. 15. L'approvisionnement des compagnies est une dotation spéciale à chaque unité administrative, et destinée à pourvoir aux besoins qui ne sont pas assurés par l'approvisionnement de l'Etat; il comprend :

1º Les effets nécessaires pour habiller et équiper l'effectif de paix, en temps de paix et au moment de la mobilisation;

2º Les effets nécessaires pour habiller et équiper les hommes appelés à faire une période d'instruction et que la compagnie sera chargée de pourvoir.

CHAPITRE II.

MAGASINS.

Magasins dans les corps composés de plusieurs unités administratives.

Art. 16. Dans les corps composés de plusieurs unités administratives, l'approvisionnement de l'Etat et celui du corps sont réunis, mais arrimés séparément, dans un même magasin qui prend le nom de *magasin commun* du corps.

Chacun des approvisionnements de compagnie est placé dans un magasin distinct, qui prend le nom de *magasin particulier* de la compagnie.

Les cas où il peut être dérogé à cette règle sont indiqués aux articles 17, 18 et 38 ci-après.

Magasins dans les compagnies et sections formant corps.

Art. 17. Dans les compagnies et sections formant corps, l'approvisionnement de l'Etat et celui du corps peuvent être placés dans le même magasin que l'approvisionnement de compagnie, mais les trois approvisionnements doivent être arrimés séparément.

Magasins dans les portions de corps détachées.

Art. 18.. Le Ministre peut prescrire qu'une partie des approvisionnements de l'Etat et du corps soit emmagasinée dans le casernement d'une portion détachée du corps.

Si le détachement est composé de plusieurs unités administratives, les effets appartenant aux approvisionnements de l'Etat et du corps doivent être placés dans un magasin spécial, distinct de ceux des compagnies.

Si le détachement ne comprend qu'une compagnie, les trois approvisionnements peuvent être placés dans le même magasin, comme dans une compagnie formant corps.

CHAPITRE III.

CRÉATION ET ENTRETIEN DES APPROVISIONNEMENTS.

Création et entretien de l'approvisionnement de l'Etat.

Art. 19. L'approvisionnement de l'Etat est créé et entretenu suivant les instructions ministérielles.

Tous les effets qui le composent sont livrés gratuitement au corps par les magasins administratifs, ou achetés par le conseil d'administration, sur l'ordre du Ministre, et remboursés au corps par le budget de l'habillement.

Composition de la première portion de l'approvisionnement du corps.

Art. 20. Les quantités d'effets et matières de chaque espèce à comprendre dans la première portion de l'approvisionnement du corps sont déterminées par le conseil d'administration central, suivant les besoins du service et dans les limites fixées par le Ministre.

Création de la première portion.

Art. 21. A la formation d'un corps de troupe ou au moment de son passage au système prescrit par le présent règlement, le Ministre fait délivrer au corps, soit à titre gratuit, soit à titre remboursable, les effets nécessaires pour constituer la première portion de l'approvisionnement de ce corps.

Entretien de la première portion.

Art. 22. La première portion de l'approvisionnement du corps, étant constituée comme il est dit aux articles 20 et 21, est maintenue dans les limites prescrites par des demandes d'effets à titre remboursable et par des confections faites dans le corps.

Les effets demandés aux magasins administratifs doivent parvenir au corps dans les trente jours qui suivent la réception de sa demande par ces magasins.

Composition de la deuxième portion de l'approvisionnement du corps.

Art. 23. L'espèce et le nombre des matières, effets et accessoires de toute nature, entrant dans la deuxième portion de l'approvisionnement du corps sont, dans les limites fixées par le Ministre, déterminés par le conseil d'administration central suivant les besoins du service.

Création de la deuxième portion.

Art. 24. A la formation d'un corps de troupe ou au moment de son passage au système prescrit par le présent règlement, le Ministre fixe le mode de constitution de la deuxième portion de l'approvisionnement du corps.

Entretien de la deuxième portion.

Art. 25. La deuxième portion de l'approvisionnement du corps, une fois constituée, est maintenue à la hauteur prescrite :

1° Ordinairement, par des achats que le corps effectue dans le commerce d'après les instructions du Ministre.

2° Eventuellement, par des livraisons, à titre remboursable, de matières et effets que le corps tire, soit des magasins administratifs, soit de l'approvisionnement de l'Etat, dont il est détenteur.

Achat et réception des effets de la deuxième portion.

Art. 26. Les achats de matières et effets destinés à la deuxième portion de l'approvisionnement du corps, la passation des marchés et le paiement des fournisseurs sont effectués par les soins du conseil d'administration d'après les instructions du Ministre.

La réception de ces matières et effets est confiée à une délégation du conseil d'administration à laquelle sont adjoints un certain nombre de commandants d'unités administratives.

Entretien de l'approvisionnement du corps dans les compagnies et sections formant corps.

Art. 27. Dans les compagnies et sections formant corps, les attributions des conseils d'administration déterminées par les articles 23, 28 et 29 appartiennent au commandant de la troupe.

Il procède seul, sous sa responsabilité, à la réception des matières et effets de la deuxième portion.

Entretien de l'approvisionnement du corps dans les détachements.

Art. 28. Dans les détachements qui ont en charge une partie de l'approvisionnement du corps et qui s'administrent séparément, le conseil d'administration éventuel ou le chef de détachement, s'il n'y pas de conseil, se conforme, pour l'entretien de cet approvisionnement, à ce qui est prescrit ci-dessus pour les corps composés de plusieurs unités ou pour les compagnies formant corps, selon le cas.

Création et entretien des approvisionnements de compagnie.

Art. 29. Le mode à suivre pour la création et l'entretien des approvisionnements de compagnie est indiqué ci-après, titre IV, chapitre II.

Comptabilité extérieure en matières.

Art. 30. La comptabilité extérieure du corps, en ce qui concerne le matériel du service de l'habillement, est régie par les règlements sur l'administration et la comptabilité des corps de troupe et sur la comptabilité des matières appartenant au département de la guerre.

L'officier d'habillement tient les écritures prescrites par ces règlements.

Il établit le compte de gestion portant inventaire au 31 décembre de chaque année, du matériel appartenant à l'Etat et mis gratuitement à la disposition des corps, et l'inventaire estimatif des matières, effets ou objets au compte de la masse d'habillement existant en magasin ou en service au 31 décembre de chaque année.

Effets remis aux compagnies.

Art. 31. D'après les règles posées par le règlement sur l'administration et la comptabilité des corps de troupe, les effets en service figurent seulement dans l'arrêté du registre des entrées et des sorties du matériel appartenant à l'Etat.

CHAPITRE IV.

DÉCOMPTE DE LA VALEUR DES EFFETS.

Prix à attribuer aux effets.

Art. 32. Les effets neufs sont décomptés aux prix de la nomenclature des matières, effets ou objets du service de l'habillement et du campement.

Les effets très bons sont décomptés aux mêmes prix que les effets neufs.

Les effets en cours de durée ou d'instruction sont décomptés aux prix déterminés par la nomenclature précitée.

TITRE III.

FONCTIONNEMENT DU SERVICE DANS L'ENSEMBLE DU CORPS.

CHAPITRE Ier.

ACTION DES CONSEILS D'ADMINISTRATION, DU CHEF DE CORPS, DES CHEFS DE BATAILLON ET DU MAJOR.

Responsabilité des conseils d'administration.

Art. 33. Les conseils d'administration centraux et éventuels, les commandants de compagnie ou de section formant corps, les chefs de détachement sans conseil qui ont en charge tout ou partie des approvisionnements de l'Etat et du corps, sont pécuniairement responsables de l'existence et du bon entretien de ce matériel.

Ils en assurent la conservation par les moyens en personnel et en matériel mis à leur disposition par le présent règlement et par les instructions ministérielles spéciales.

Ils passent, d'après les instructions du Ministre, les marchés prévus à l'article 26, et directement ceux prévus à l'article 47.

Ils sont chargés de déterminer la nature des dépenses que les commandants de compagnie peuvent engager et les prix maxima auxquels ceux-ci peuvent traiter.

Attributions et responsabilité du chef de corps.

Art. 34. Le chef de corps est responsable, vis-à-vis de l'autorité militaire, de la manière dont s'exécute le service de l'habillement dans toutes les fractions de la troupe qu'il commande.

Il règle le port des effets compris dans les différentes collections, de manière à ménager autant que possible les approvisionnements de compagnie, tout en assurant l'exécution des ordres de la place.

Il veille à ce que les effets soient toujours placés dans les magasins de compagnie dans des conditions qui assurent à la fois : la bonne conservation des effets, la rapidité de l'habillement au moment de la mobilisation et la facilité des inventaires.

Le chef de détachement a, dans son détachement, la même responsabilité et les mêmes obligations.

Fixation du nombre d'effets à entretenir.

Art. 35. Tous les ans, après la clôture des inspections générales et administratives, et lorsqu'il est informé du nombre d'hommes que doit recevoir le corps à l'arrivée de la classe appelée, le chef de corps fixe, pour l'année suivante, d'après les instructions du Ministre, le nombre d'effets de toute nature qui devra être entretenu dans chaque compagnie.

Action des chefs de bataillon.

Art. 36. Les chefs de bataillon, dans les compagnies placées sous leur commandement, assurent l'exécution des ordres donnés par le chef de corps; ils le renseignent sur le fonctionnement du service et lui proposent toutes les mesures qu'ils jugent utiles.

Action du major.

Art. 37. Le major veille à l'exécution des délibérations prises par le conseil d'administration au sujet du service de l'habillement.

Il exerce une surveillance permanente sur tous les détails d'administration et de comptabilité dont les officiers comptables et les commandants de compagnie sont respectivement chargés.

Il soumet au conseil d'administration et au chef de corps les mesures qui lui paraissent devoir être prises pour la bonne exécution du service de l'habillement dans l'ensemble du corps.

Il s'assure au moins une fois par trimestre, par des vérifications et des recensements inopinés et partiels, du bon état de conservation et de l'existence du matériel, ainsi que de l'assortiment en tailles et pointures des effets du service de l'habillement; il consigne en tête du registre des entrées et des sorties du matériel, les résultats de ses opérations.

Usage des approvisionnements de compagnie dans les corps divisés.

Art. 38. Dans les corps divisés, lorsque les nécessités du service, le défaut de ressources du casernement, la fréquence des mouvements de détachements, ne permettent pas toujours de laisser d'une manière permanente, à chaque commandant d'unité, la disposition entière de ses ressources, le chef de corps doit alors prendre les mesures de détail nécessaires pour réduire ces inconvénients à leur minimum.

A cet effet, il peut:

Ou prescrire la réunion momentanée de tout ou partie de plusieurs approvisionnements de compagnie dans un magasin commun, en prenant les précautions nécessaires pour éviter la confusion;

Ou faire verser des effets par certaines compagnies à d'autres, soit définitivement, soit temporairement, moyennant une compensation en valeur, s'il y a lieu.

Le conseil d'administration autorise sur le fonds commun de la masse d'habillement les frais de transport des effets de toute nature entre le magasin de compagnie et la compagnie elle-même, et entre les diverses fractions du corps, lorsque le transport ne peut pas, aux termes des règlements en vigueur, être fait au compte de l'Etat.

CHAPITRE II.

PERSONNEL D'EXÉCUTION.

Personnel permanent d'exécution du service d'habillement.

Art. 39. Le personnel affecté d'une manière permanente au service de l'habillement dans les corps comprend :

1° Les gardes-magasins,
2° Les premiers ouvriers,
3° Les ouvriers des sections et pelotons hors rang,
4° Les ouvriers de compagnie,

dont le nombre et le grade sont déterminés par les lois et décrets d'organisation.

5o Le personnel permanent prévu par l'instruction ministérielle spéciale relative à la fixation et à l'emploi des approvisionnements dans les corps de troupe.

Personnel auxiliaire.

Art. 40. En plus du personnel permanent, le chef de corps peut prélever sur l'ensemble de sa troupe le nombre d'hommes de tout grade nécessaires à la surveillance, aux travaux de magasin, aux confections, retouches et réparations, et les employer temporairement pour les besoins généraux du corps.

Le chef de détachement a le même pouvoir dans son détachement, et le commandant de compagnie dans sa compagnie.

Ce dernier désigne, en outre, avec l'autorisation du chef de corps, pour faire fonctions de garde-magasin, un caporal ou soldat de sa compagnie.

Emploi de la main-d'œuvre civile.

Art. 41. La main-d'œuvre civile doit être employée toutes les fois que cela est nécessaire ou avantageux pour assurer l'exécution des confections, des retouches, réparations, etc.

Magasin de compagnie séparé de la compagnie.

Art. 42. Dans les cas prévus à l'article 38, où la compagnie est momentanément séparée de son magasin, le commandant de la compagnie y laisse un garde-magasin.

Le chef de corps fait surveiller le magasin ainsi séparé de sa compagnie par l'officier d'habillement ou tout autre officier spécialement délégué, sous le contrôle du major Cette surveillance n'est exercée qu'au point de vue du bon entretien des effets et de la discipline générale.

Pour assurer cet entretien, le chef de corps fait fournir les travailleurs nécessaires sur la demande du commandant de la compagnie, ou, en cas d'urgence, de l'officier délégué pour la surveillance du magasin.

Organisation des ateliers.

Art. 43. Le chef de corps organise l'ensemble des ateliers de tailleurs et de cordonniers ou bottiers de la manière qui lui paraît la plus avantageuse.

Il peut prescrire la réunion de tout ou partie des ouvriers de compagnie dans les ateliers généraux, et l'envoi temporaire dans les compagnies des ouvriers de la section hors rang, y compris les caporaux et brigadiers premiers ouvriers.

Il autorise les commandants de compagnie à envoyer des hommes faire leur apprentissage à l'atelier des premiers ouvriers.

Dans les mesures qu'il prend à ce sujet, il s'attache à donner égale satisfaction aux besoins généraux du corps et à ceux des compagnies.

Ouvriers de compagnie employés aux réparations les moins importantes.

Art. 44. Quelle que soit l'organisation des ateliers du corps, les ouvriers de compagnie sont, chaque semaine, laissés à la disposition des commandants de compagnie pour l'exécution des réparations les moins importantes, pendant un nombre de jours fixé par le chef de corps.

Gratifications.

Art. 45. Il peut être alloué aux premiers ouvriers et ouvriers, à la tâche ou à la journée, des gratifications dont le maximum est fixé par le conseil d'administration, en se renfermant dans les fixations ministérielles.

Ces gratifications sont payées sur le fonds commun.

TITRE IV.

FONCTIONNEMENT DU SERVICE DANS LA COMPAGNIE.

CHAPITRE Ier.

RÈGLES GÉNÉRALES.

Attributions et responsabilité du commandant de compagnie.

Art. 46. Le commandant de compagnie a la responsabilité de la conservation et du bon usage des effets de toute nature qu'il a pris en charge.

Il est pécuniairement responsable des pertes ou détériorations graves qui surviendraient par sa faute dans l'approvisionnement de la compagnie.

Il a, dans les limites prévues par le règlement, la responsabilité entière de l'exécution du service de l'habillement dans sa compagnie. La plus grande latitude possible doit lui être laissée pour l'emploi du matériel qu'il a pris en charge, ainsi que pour l'administration du fonds particulier de sa compagnie. Il règle l'emploi des deniers et des matières de la manière qui lui paraît la plus avantageuse, sans autre obligation que celle de se conformer aux règlements et aux ordres particuliers du chef de corps.

Passation des marchés relatifs à l'entretien de l'approvisionnement de la compagnie.

Art. 47. En principe, le commandant de la compagnie passe, pour assurer l'exécution du service de l'habillement de sa compagnie, les marchés de toute nature, tels que : achats de matières premières pour les réparations, abonnements avec les premiers ouvriers ou autres personnes, etc.

Toutefois, si le conseil d'administration le juge préférable, il a qualité pour passer des marchés généraux de cette nature applicables à l'ensemble du corps.

Les effets ne sont pas la propriété des détenteurs.

Art. 48. Tous les effets, quels qu'ils soient, qui constituent l'approvisionnement de la compagnie sont considérés comme sa propriété collective, sans attribution définitive aux hommes qui en sont les détenteurs.

Les effets n'ont pas de durée obligatoire.

Art. 49. Aucune durée obligatoire n'est assignée aux effets qui entrent dans la composition du matériel du service de l'habillement.

Tous ces effets doivent être employés à l'habillement et à l'équipement des hommes de troupe jusqu'à complète usure. Ils sont ensuite utilisés aux réparations.

Réintégrations au magasin commun interdites.

Art. 50. Les effets sortis du magasin commun du corps pour entrer dans l'approvisionnement de compagnie ne peuvent plus, sous quelque prétexte que ce soit, être réintégrés dans l'approvisionnement du corps sans un ordre spécial du Ministre, qui fixe alors les conditions auxquelles la réintégration a lieu.

Echange d'effets.

Art. 51. Les commandants de compagnie ne peuvent, en aucun cas, exiger ni subir l'échange des effets qui leur ont été régulièrement délivrés.

Les échanges, soit entre le magasin commun et les compagnies, soit entre les compagnies, ne peuvent se faire que pour des effets de même nature, nombre pour nombre et à l'amiable.

Ils ont toujours lieu sans écritures.

Effets de confection ancienne.

Art. 52. Lorsqu'un commandant de compagnie a dans son approvisionnement des effets de confection ancienne qu'il est urgent de mettre en service, et qui sont d'une pointure dont il n'a pas l'emploi, il doit, s'il ne peut les échanger comme il est dit à l'article précédent, leur faire subir les retouches nécessaires pour les rendre utilisables.

Ces retouches sont à la charge du fonds particulier de la compagnie.

Dénomination et composition des diverses collections d'effets.

Art. 53. Les effets entrant dans la composition de l'approvisionnement de compagnie sont classés sous les dénominations suivantes :

1° *Collection n° 1* (Guerre et parade), composée d'effets neufs ou très bons.

Cette collection, conservée en principe dans le magasin de la compagnie ne peut être remise, aux hommes en temps de paix que pour les exercices de mobilisation et les revues passées en tenue de campagne ou de parade.

2° *Collection n° 2* (Extérieur), composée des effets les meilleurs après ceux de la collection n° 1.

Cette collection sert aux hommes pour sortir en ville *isolément* même quand la grande tenue est ordonnée, si l'état des effets le permet.

3° *Collection n° 3* (Instruction), composée de tous les autres effets.

CHAPITRE II.

CRÉATION ET ENTRETIEN DE L'APPROVISIONNEMENT DE COMPAGNIE.

Création de l'approvisionnement de compagnie.

Art. 54. A la formation d'une compagnie ou au moment du passage d'un corps au système prescrit par le présent règlement, le chef de corps détermine pour chaque compagnie, d'après les instructions ministérielles et d'après l'ensemble des ressources en deniers et en nature dont le corps dispose, l'importance du fonds particulier et de l'approvisionnement en effets qui lui sont attribués.

L'approvisionnement de compagnie est ensuite entretenu conformément aux prescriptions des articles suivants.

Bon mensuel des effets de la première et de la deuxième portion.

Art. 55. Le premier jour de chaque mois, le commandant de la compagnie établit un bon (modèle n° 1) sur lequel il fait ressortir la situation de son crédit. A la suite de ce décompte, il inscrit le détail des effets de toute nature qu'il juge nécessaires à sa compagnie.

Il a soin de régler sa demande de manière à conserver disponible, au minimum, à son fonds particulier, la somme nécessaire au paiement des réparations, imputations et dépenses de toute nature qui sont à la charge de ce fonds.

Paiement des bons.

Art. 56. Le bon mensuel, établi comme il est dit à l'article 55, est remis par le commandant de compagnie à l'officier d'habillement, qui lui fait délivrer immédiatement les effets qui y sont compris, selon les tailles, pointures et modèles indiqués.

L'officier d'habillement ne peut exiger d'autres modifications aux bons que celles qui auraient pour objet, soit de rectifier une erreur matérielle, soit d'assurer l'écoulement d'effets de modèles anciens. Le commandant de la compagnie, signataire des bons, est seul responsable des perceptions.

Les effets ne reçoivent, par les soins de l'officier d'habillement, aucune autre marque que celle du numéro du corps.

Mode d'opérer dans les détachements.

Art. 57. Dans les détachements qui ont en charge une partie de l'approvisionnement du corps, les bons de compagnie sont payés sur place, au moyen des ressources du magasin commun du détachement.

Dans les détachements qui n'ont que des approvisionnements de compagnie, les effets demandés par les commandants de compagnie leur sont envoyés par l'un des magasins communs du corps désigné par le chef de corps.

Les frais de transport des effets sont, s'il y a lieu, supportés par l'Etat, après décision du sous-intendant militaire.

CHAPITRE III.

REMISE ET REPRISE DES EFFETS AUX HOMMES.

Habillement et équipement à l'arrivée au corps.

Art. 58. Les hommes qui arrivent au corps sont habillés et équipés par les soins de leur commandant de compagnie immédiatement après leur incorporation et la constatation de leur aptitude.

Cependant les hommes qui, vu leur état de santé ou pour toute autre cause, sont présumés ne pas devoir rester au corps, ne reçoivent que les effets qui leur sont strictement nécessaires.

Militaires en subsistance.

Art. 59. Les hommes en subsistance continuent d'être administrés par leur corps d'origine, qui perçoit pour eux les allocations réglementaires et qui pourvoit à toutes leurs dépenses imputables à la masse d'habillement.

Le corps d'origine envoie, s'il y a lieu, au corps nourricier, les fonds nécessaires; il n'expédie d'effets que dans les cas de nécessité absolue et lorsque le corps nourricier ne peut se les procurer plus économiquement.

En ce qui concerne les compagnies de cavaliers de remonte, les prestations de la masse d'habillement sont perçues pour les cavaliers placés en subsistance, non par les corps d'origine mais par la compagnie de cavaliers de remonte où ils sont en subsistance.

Effets à emporter par les hommes quittant le corps.

Art. 60. Les effets que doivent emporter les hommes quittant le corps sont indiqués aux tableaux B et B *bis* annexés au présent règlement.

Mutations entraînant passage définitif à un autre corps ou à un établissement.

Art. 61. Dans le cas de passage définitif à un autre corps ou à un établissement, le commandant de la compagnie établit, en double expédition, une facture des effets emportés, en exécution des instructions ministérielles ou des ordres particuliers de l'autorité militaire.

Les effets y sont décomptés aux prix indiqués à l'article 32.

Le compte particulier de la compagnie est immédiatement crédité, sur le fonds commun, du montant de la facture, et le conseil d'administration en poursuit le remboursement conformément aux instructions ministérielles.

Toutefois, le corps d'origine peut, dans certains cas, demander le renvoi des effets emportés.

Militaires en prévention.

Art. 62. Lorsque le commandant de la compagnie reçoit, de l'autorité compétente, l'ordre de pourvoir d'une tenue convenable, pour comparaître devant un tribunal militaire ou civil, un homme qui n'appartient pas à sa compagnie, celle-ci est remboursée, à son fonds particulier, par le fonds commun, de la valeur des effets fournis.

Militaires rayés des contrôles étant en position d'absence.

Art. 63. Lorsqu'un homme en position d'absence est rayé des contrôles du corps par suite d'une mutation qui ne pouvait être prévue au moment de son départ, le corps en informe le sous-intendant militaire dans la circonscription administrative duquel résidait l'homme au moment de sa radiation, et lui adresse, en même temps, une facture, en double expédition, des effets de toute nature dont l'homme était détenteur. Ce fonctionnaire prend immédiatement les mesures nécessaires pour faire renvoyer au corps d'origine, aux frais de l'Etat ou sans frais, les effets qui peuvent encore être d'un bon usage, pourvu toutefois que le prix du transport ne dépasse pas la valeur de l'envoi.

Dans le cas contraire, il prescrit le versement, à titre gratuit, des effets à un autre corps ou établissement qui en donne récépissé sur l'une des expéditions de la facture. Cette facture est renvoyée, pour avis, au corps d'origine qui, dans ce cas, n'a droit à aucune indemnité pour les effets ainsi versés.

Toutefois, il est fait exception aux dispositions qui précèdent en faveur des militaires décédés dans leurs foyers des suites de blessures ou de maladies contractées sous les drapeaux; leurs parents sont autorisés à les faire inhumer avec leurs effets d'uniforme; mais ils doivent en informer la gendarmerie dans le délai de quarante-huit heures à compter du lendemain du jour du décès du militaire.

Quelle que soit leur valeur, les effets d'habillement des militaires décédés dans leurs foyers, par suite de maladies contagieuses ou épidémiques, sont incinérés sur place par les soins de la gendarmerie.

Dans ces deux derniers cas, la gendarmerie dresse un procès-verbal et en envoie une copie au corps par l'intermédiaire du sous-intendant militaire.

Les corps d'origine n'ont droit à aucune indemnité pour les effets ainsi incinérés ou abandonnés aux familles.

Militaires changeant de compagnie dans le même corps.

Art. 64. Les instructions du chef de corps déterminent l'espèce, le nombre et le classement des effets que doivent emporter les hommes changeant de compagnie dans le même corps.

La compagnie d'origine est remboursée, s'il y a lieu, par la compagnie nouvelle, de la valeur des effets emportés.

Engagés conditionnels.

Art. 65. Supprimé.

CHAPITRE IV.

MATÉRIEL HORS DE SERVICE.

Remise au magasin commun des effets hors de service.

Art. 66. Les commandants de compagnie sont autorisés à verser au magasin commun du corps, au commencement de chaque trimestre, les effets qu'ils considèrent comme ne pouvant plus être utilisés.

Ces effets sont conservés par l'officier d'habillement, dans un magasin spécial, jusqu'au moment où ils reçoivent l'une des destinations indiquées à l'article suivant.

Destination à donner par le corps aux effets hors de service.

Art. 67. Dans le courant des mois d'avril et d'octobre de chaque année, le conseil d'administration fait établir un état sommaire de ces effets et l'adresse au sous-intendant militaire, qui fait connaître au corps, d'après les instructions de l'autorité supérieure, la destination qui doit leur être donnée (remise aux services de l'artillerie, des hôpitaux, des prisons, des domaines, etc.).

Le corps ni les compagnies n'ont aucune part dans le produit de ces ventes ou cessions.

Toutefois, les boutons d'uniforme doivent être retirés des effets hors de service pour être versés au magasin administratif lorsque le corps n'en a pas l'emploi.

Leur valeur, décomptée d'après le prix au classement « bon », est remboursée au corps par le budget de l'habillement.

TITRE V.

DISPOSITIONS SPÉCIALES.

CHAPITRE Ier.

HOMMES DE LA DISPONIBILITÉ ET DE LA RÉSERVE.

Habillement des hommes appelés pour une période d'instruction.

Art. 68. A l'époque des périodes d'instruction, les hommes appelés, qu'ils appartiennent à la disponibilité ou à la réserve, sont ordinairement habillés et équipés par la compagnie à laquelle ils sont affectés.

Lorsqu'ils sont convoqués dans une autre place que celle où se trouve leur compagnie d'affectation, le chef de corps les répartit entre les compagnies présentes, au mieux des intérêts du service.

Les primes déterminées par le tarif n° 1 pour les hommes appelés sont, en principe, acquises en entier à la compagnie qui les a pourvus, comme compensation de toutes les dépenses qui lui sont imposées.

Toutefois, dans le cas spécial où, faute de ressources, plusieurs compagnies ont été chargées de pourvoir le même homme, le conseil d'administration fixe la part des primes revenant à chacune d'elles.

CHAPITRE II.

HOMMES DE L'ARMÉE TERRITORIALE.

Corps désignés pour habiller les hommes de l'armée territoriale.

Art. 69. A l'époque des convocations de l'armée territoriale pour les périodes d'instruction, l'autorité militaire désigne les corps de troupe de l'armée active qui seront chargés de les pourvoir.

Renseignements sur l'effectif à habiller.

Art. 70. Un mois au moins avant l'ouverture de la période d'instruction, l'autorité militaire fait parvenir au chef de corps ou de détachement désigné, selon les prescriptions de l'article précédent, tous les renseignements utiles sur l'effectif, par compagnie, escadron ou batterie, des hommes de l'armée territoriale qu'il doit habiller et équiper.

Répartition entre les compagnies des corps actifs.

Art. 71. Le chef de corps ou de détachement de l'armée

active fait la répartition numérique des hommes de l'armée territoriale entre les fractions de sa propre troupe.

Prélèvement des effets nécessaires.

Art. 72. Les commandants des compagnies de l'armée active désignées prélèvent sur les effets de leur compagnie, tant en magasin qu'en service, le nombre, augmenté d'un dixième, des effets nécessaires à l'effectif qu'ils sont chargés de pourvoir.

Remise des effets aux commandants de compagnie de l'armée territoriale.

Art. 73. Ces effets, convenablement nettoyés et réparés, et marqués à la lettre de la compagnie à laquelle ils appartiennent, sont déposés, en temps utile, par les soins des commandants de compagnie de l'armée active, dans les locaux désignés pour cet objet par l'autorité militaire.

Les commandants de compagnie de l'armée territoriale prennent charge des effets et les distribuent ensuite à leur troupe.

Paiement des indemnités en argent.

Art. 74. Supprimé.

Reprise des effets à la fin de la période d'instruction.

Art. 75. A la fin de la période d'instruction, les effets sont réunis par les soins des officiers de l'armée territoriale, dans les locaux désignés pour cet objet par l'autorité militaire, et chaque commandant de compagnie de l'armée active y fait reprendre les effets qui appartiennent à sa compagnie.

Les primes sont acquises à la compagnie qui a fourni les effets.

Art. 76. En principe, les primes déterminées par le tarif n° 1, pour les hommes de l'armée territoriale, sont acquises en entier à la compagnie qui les a pourvus. Cette compagnie supporte, en échange, toutes les dépenses qui, occasionnées par l'appel des hommes de l'armée territoriale, doivent normalement être imputées à la masse d'habillement.

Toutefois, dans le cas spécial où, faute de ressources, plusieurs compagnies ont été chargées de pourvoir le même homme, le conseil d'administration fixe la part des primes revenant à chacune d'elles.

TITRE VI.

ÉCRITURES ET COMPTABILITÉ INTÉRIEURES.

CHAPITRE Ier.

ÉCRITURES DE L'OFFICIER D'HABILLEMENT.

Registres à tenir.

Art. 77. L'officier d'habillement tient tous les registres prescrits par le règlement sur l'administration et la comptabilité des corps de troupe.

Il tient également le registre auxiliaire destiné à recevoir l'inscription du matériel du fonds commun délivré gratuitement pour les besoins généraux du corps (modèle n° 2 annexé au présent règlement).

CHAPITRE II.

ÉCRITURES ET COMPTES DES COMPAGNIES ET DU TRÉSORIER.

Ecritures et comptes des compagnies.

Art. 78. Les écritures et comptes relatifs à l'habillement, à tenir dans les compagnies, comprennent :

1° L'établissement du bon mensuel tel qu'il est prévu à l'article 55;

2° L'enregistrement au livret individuel des effets délivrés aux hommes;

3° La tenue du registre de comptabilité d'après les indications du règlement sur l'administration et la comptabilité des corps de troupe;

4° La tenue d'un compte d'entrées et de sorties pouvant donner à tout moment la situation exacte des effets existant dans la compagnie, tant en magasin qu'en service.

Arrêté trimestriel des comptes de la compagnie.

Art. 79. A la fin de chaque trimestre, le commandant de compagnie arrête et signe le compte trimestriel du fonds particulier et celui des entrées et des sorties du matériel.

Le premier est adressé à l'officier d'habillement, selon les prescriptions du règlement sur l'administration et la comptabilité des corps de troupe.

Le second est vérifié par le commandant du bataillon, notamment en ce qui concerne la concordance entre les écritures et les existants.

Règlement du compte des prestations.

Art. 80. L'officier d'habillement rapproche les comptes des

compagnies de ses propres écritures, signale et provoque le redressement des erreurs, puis envoie les comptes au trésorier.

Le trésorier vérifie les comptes avec les éléments dont il dispose et établit la situation du fonds particulier de chaque compagnie.

Compte trimestriel de la masse d'habillement établi par le trésorier.

Art. 81. Le compte trimestriel de la masse d'habillement est établi conformément au modèle n° 11 annexé à l'instruction faisant suite au présent règlement.

Compte annuel de la masse d'habillement.

Art. 81 *bis*. « Le compte annuel de la masse d'habillement est établi conformément au modèle n° 12 annexé à l'instruction faisant suite au présent règlement.

Comme le compte trimestriel, le compte annuel de la masse d'habillement est établi par l'officier trésorier.

TITRE VII.

SURVEILLANCE ADMINISTRATIVE.

Surveillance administrative.

Art. 82. Conformément aux dispositions des articles 23 et 24 de la loi du 16 mars 1882 et des articles 11 et 12 du décret du 10 février 1890, les fonctionnaires de l'intendance exercent la surveillance administrative sur le service de l'habillement dans les corps de troupe.

A cet effet, le sous-intendant militaire procède, conformément aux instructions ministérielles en vigueur, à l'inventaire des approvisionnements de l'Etat et du corps (magasin commun).

Il peut, en outre, au nom et sur l'ordre du commandement, faire l'inventaire des magasins de compagnie.

Enfin il vérifie la comptabilité de l'habillement du corps.

TITRE VIII.

MOBILISATION ET SERVICE EN TEMPS DE GUERRE.

CHAPITRE Ier.

MOBILISATION.

Passage du pied de paix au pied de guerre.

Art. 83. Au moment de la mobilisation, les commandants des compagnies qui se mobilisent prélèvent sur leurs approvisionnements tous les effets nécessaires à l'effectif de paix.

Ils arrêtent ensuite et certifient véritable leur compte d'entrées et de sorties, de manière à bien établir le nombre et le classement des effets qu'ils laissent.

Les comptes d'entrées et de sorties sont déposés entre les mains du chef du bureau spécial de comptabilité. Les effets non emportés sont, sur l'ordre du commandant du dépôt, employés suivant les besoins.

Les mouvements d'effets ordonnés après le départ de la compagnie seront appuyés de pièces régulières dont il sera tenu écritures.

CHAPITRE II.

SERVICE EN TEMPS DE GUERRE.

Fonctionnement du service de l'habillement en temps de guerre.

Art. 84. Une instruction ministérielle spéciale détermine les détail du fonctionnement du service de l'habillement en temps de guerre.

TITRE IX.

DISPOSITIONS NON ABROGÉES.

Les prescriptions réglementaires non modifiées sont maintenues.

Art. 85. Toutes les prescriptions réglementaires concernant le service de l'habillement qui sont en vigueur à la date de ce jour sont maintenues en tout ce qu'elles n'ont pas de contraire aux dispositions du présent décret.

Ministre chargé de l'exécution.

Art. 86. Le Ministre de la guerre est chargé de l'exécution du présent décret.

Fait à Paris, le 16 novembre 1887.

Le Président de la République,
Signé : JULES GRÉVY.

Par le Président de la République :
Le Ministre de la guerre,
Signé : Gal FERRON.

TARIFS ET MODÈLES

ANNEXÉS AU RÈGLEMENT.

Article 3 du règlement du 16 novembre 1887.

Masse d'habillement dans les corps de troupe.

PRESTATIONS EN DENIERS.

§ 1er. FONDS COMMUN DU CORPS.

1° *Prime journalière* (par homme et par journée donnant droit à la solde de présence).

	fr. c.
Hommes de toutes armes (sauf les spahis) et de tous grades (adjudants, chefs armuriers et maîtres selliers exceptés), appartenant aux différentes catégories de l'armée active, à la réserve de cette armée ou à l'armée territoriale	0 01
Spahis tunisiens, militaires français et indigènes (adjudants, chefs armuriers et maîtres-selliers exceptés)	0 02

NOTA. — La prime journalière du fonds commun est perçue pour les permissionnaires de vingt-quatre heures.

2° *Primes mensuelles* (1).

Régiment d'infanterie de ligne	818 »	(A)
Bataillon de chasseurs à pied	230 »	(B)
Régiment de zouaves	884 »	
Régiment de tirailleurs algériens	508 »	
Bataillon de tirailleurs sahariens	230 »	(B *bis*)
Régiment étranger	858 »	
Bataillon d'infanterie légère d'Afrique	230 »	(B *ter*)
Régiment de cuirassiers	450 »	
Régiment de dragons	350 »	
Régiment de chasseurs de France, de hussards et de chasseurs d'Afrique	330 »	
Régiment de spahis tunisiens	420 »	
Régiment d'artillerie, avec musique	970 »	(C)
Régiment d'artillerie, sans musique	555 »	(C)
Bataillon d'artillerie à pied	240 »	(D)

(A) Cette prime a été calculée pour un régiment à 16 compagnies ayant la gestion de l'approvisionnement de 21 compagnies de réserve ou de l'armée territoriale. Pour chaque compagnie de l'armée active en moins, elle est diminuée de 25 francs par mois. Pour chaque compagnie de réserve ou de l'armée territoriale en plus ou en moins, elle est augmentée ou diminuée de 3 francs par mois.

(B) Cette prime a été calculée pour un bataillon à 6 compagnies. Pour chaque compagnie de l'armée active en moins, elle est diminuée de 30 francs par mois.

Cette prime est également augmentée de 3 francs par mois pour chaque compagnie de réserve ou de l'armée territoriale dont le corps gère les approvisionnements.

(B *bis*) Cette prime a été calculée pour un bataillon à 4 compagnies. Pour chaque compagnie en plus ou en moins, elle est augmentée ou diminuée de 30 francs par mois.

(B *ter*) Cette prime a été calculée pour un bataillon à 6 compagnies. Pour chaque compagnie de l'armée active en plus ou en moins, elle est augmentée au diminuée de 30 francs par mois.

(C) Cette prime a été calculée pour un régiment à 12 batteries ayant la gestion des approvisionnements de 15 unités de l'armée territoriale. Pour chaque batterie de l'armée active en plus ou en moins, elle est augmentée ou diminuée de 40 francs par mois. Pour chaque unité de l'armée territoriale en plus ou en moins, elle est augmentée ou diminuée de 5 francs par mois.

(D) Cette prime a été calculée pour un bataillon à 6 batteries. Pour chaque batterie de l'armée active en plus ou en moins, elle est augmentée ou diminuée de 40 francs par mois. Cette prime est également augmentée de 5 francs par mois pour chaque unité territoriale d'artillerie dont le corps gère les approvisionnements. Toutefois,

(1) La section ou le peloton hors rang ne sont point considérés comme unités administratives donnant droit à la perception d'un supplément de prime mensuelle.

Les suppléments de prime mensuelle du fonds commun relatifs à la gestion d'approisvionnements de réserve ne doivent être perçus qu'à compter du jour où ces approvisionnements entrent en voie de formation.

	fr.	c.	
Régiment du génie.................	760	»	(E)
Escadron du train des équipages militaires........................	100	»	(F)
Compagnie de cavaliers de remonte.	100	»	(G)
Compagnie d'ouvriers d'artillerie...	50	»	(G)
Compagnie d'artificiers.............	50	»	(G)
Section de secrétaires d'état-major et du recrutement..................	100	»	(G)
Section de commis et ouvriers militaires d'administration...........	45	»	(G)
Section d'infirmiers militaires......	25	»	(G)

quand un bataillon d'artillerie à pied est chargé de la gestion des approvisionnements d'une seule unité territoriale, la prime mensuelle est exceptionnellement portée de 5 francs à 10 francs.

(E) Cette prime a été calculée pour 1 régiment à 13 compagnies. Pour chaque compagnie de l'armée active en plus ou en moins, elle est augmentée ou diminuée de 40 francs par mois.

(F) Cete prime a été calculée pour un escadron à 3 compagnies. Pour chaque compagnie de l'armée active en plus ou en moins, elle est augmentée ou diminuée de 40 francs par mois.

(G) Cette prime a été calculée pour un effectif de 250 hommes. Pour chaque groupe complet de 50 hommes en plus ou en moins, elle est augmentée ou diminuée d'un cinquième. L'effectif se détermine de la manière suivante : prendre le nombre de journées de présence des hommes de l'armée active pendant le trimestre; diviser ce chiffre par le nombre de jours du trimestre, le quotient indiquera l'effectif.

Exemple : La feuille de journées accuse 23.660 journées de présence pour l'armée active pendant un trimestre de 91 jours; l'effectif sera de $\frac{23.660}{91} =$ soit 260 hommes. — La prime sera calculée pour 250 hommes.

Pour les perceptions mensuelles, on prend pour base l'effectif moyen approximatif et la régularisation des perceptions a lieu *en fin de trimestre*, comme il est indiqué ci-dessus.

NOTA. — Les fractions détachées doivent recevoir une part proportionnelle des secours accordés par le Ministre. En outre, lorsque les fractions détachées ont la gestion d'approvisionnements de guerre, elles doivent percevoir la prime journalière du fonds commun ainsi qu'une part proportionnelle de la prime mensuelle.

Dans les autres cas, la répartition des primes journalière et mensuelle du fonds commun est faite par le conseil d'administration.

Les suppléments de prime mensuelle indiqués aux renvois A à F inclusivement, qui précèdent, sont perçus par les corps de troupe ayant la gestion des approvisionnements, même lorsque ces approvisionnements sont destinés à des unités, soit de la réserve de l'armée active, soit de l'armée territoriale, d'autres corps ou armes.

Dans ce cas, ces suppléments doivent nécessairement être déduits des prestations attribuées aux corps dont ces unités font partie. Aucune modification n'est apportée en ce qui concerne les officiers ou employés militaires gérants d'annexe, qui continuent d'opérer comme délégués du corps gestionnaire. Sont également maintenues les dispositions relatives à la gestion des approvisionnements dits spéciaux (tableau n° 4 annexé à l'instruction du 16 novembre 1887).

Enfin, pour les approvisionnements de la réserve de guerre destinés à des unités à provenir de dédoublement lors de la mobilisation, la prime du corps gestionnaire est augmentée de 5 francs par mois pour chaque unité, lorsque ces approvisionnements sont constitués dans un lieu autre que celui où sont entretenus les approvisionnements de l'unité mère correspondante. Il est bien entendu que ces suppléments ne sont dus que pour des approvisionnements constitués ou à partir du jour où ils entrent en voie de formation (date constatée par le sous-intendant militaire compétent).

§ 2. FONDS PARTICULIERS DES COMPAGNIES, ESCADRONS OU BATTERIES.

1° *Primes journalières.*

Sous-officiers, caporaux, brigadiers et soldats (adjudants, chefs armuriers et maîtres selliers exceptés).

	fr. c.
Infanterie de ligne. Chasseurs à pied. Zouaves. Tirailleurs algériens. Tirailleurs sahariens. Régiments étrangers. Infanterie légère d'Afrique. Secrétaires d'état-major et du recrutement. Commis et ouvriers militaires d'administration. Infirmiers militaires. Cavaliers de remonte. Artillerie à pied. Ouvriers d'artillerie. Artificiers. Train des équipages (hommes à pied)	» 22
Artillerie — régiments (hommes à pied). Génie (sapeurs-mineurs)	» 24
Train des équipages (hommes à cheval)	» 29
Cuirassiers. Dragons. Chasseurs de France. Hussards. Chasseurs d'Afrique. Spahis tunisiens (militaires français et indigènes)	» 30
Artillerie — régiments (hommes à cheval). Génie (sapeurs conducteurs)	» 31
Fusiliers de discipline	» 175

OBSERVATIONS. — La prime journalière des fonds particuliers est perçue pour les permissionnaires de *vingt-quatre heures.*

On entend par hommes à cheval les militaires habillés et équipés en cavaliers.

Les musiciens des écoles d'artillerie, les conducteurs dans les batteries de montagnes et les conducteurs de mulets de bât dans le train des équipages reçoivent la prime journalière des hommes à pied.

2° *Supplément aux troupes de toutes armes faisant partie des groupes alpins, ainsi qu'aux régiments régionaux occupant des garnisons alpines.*

	fr. c.
Infanterie de ligne. Chasseurs à pied. Artillerie. Génie	» 06

Ce supplément qui est perçu, cumulativement avec les primes journalières, n'exclut point l'indemnité allouée par les instructions spéciales aux grandes manœuvres. La perception de cette dernière indemnité a lieu sur relevé modèle n° 1 *bis*, appuyé d'états numériques décomptés. La dépense est inscrite dans la colonne « Secours » de ce relevé et du rapport de liquidation modèle n° 205.

3° *Primes fixes.*

		fr. c.
Pour sous-officiers promus officiers sans avoir suivi les cours d'une école militaire d'élèves officiers ou nommés à l'un des emplois indiqués au tarif n° 22 du décret du 27 décembre 1890 ; caporaux, brigadiers et soldats rengagés ou commissionnés nommés à l'un des emplois indiqués au tarif susvisé. Pour militaires de tous grades (adjudants, chefs armuriers et maîtres selliers exceptés) admis à la retraite ou réformés par congé n° 1	à pied	25 »
	à cheval.	30 »

Les primes fixes sont justifiées, en fin de trimestre, par un état nominatif indiquant les mutations qui motivent ces allocations (modèle n° 1 annexé à l'instruction ministérielle faisant suite au présent règlement).

Cet état est joint à l'un des deux tableaux, retirés des revues de liquidation, destinés au Ministre (5e direction, 4e bureau).

TABLEAU Nº 1.

Art. 4 du Règlement du 16 novembre 1887.

MATÉRIEL

MIS GRATUITEMENT A LA DISPOSITION DU CORPS.

DÉSIGNATION DES EFFETS ET OBJETS.		OBSERVATIONS.
Brassards de tous modèles. Couvertures (grandes et petites). Enveloppes de paillasse. Enveloppes de traversin. Etuis d'outils de campement. Manteaux d'armes. Outils de tous modèles. Isolateurs (paillassons, plateaux). Peaux de mouton. Pliants. Sacs de couchage. Sacs tentes-abris avec accessoires. Tentes de tous modèles avec accessoires. Caisses à bagages. Cantines à vivres.	A.	NOTA. — A. Tous ces effets et objets sont mis gratuitement à la disposition des corps. Aucune durée ne leur est assignée ; le déclassement en est prononcé dans la forme ordinaire. Ces effets restent en magasin et n'en sortent que lorsque l'usage en est prescrit aux compagnies. La moins-value résultant des déclassements motivés par l'usure naturelle est supportée par l'Etat. Sont également supportées par l'Etat les pertes et détériorations résultant de la mise en service, quand ces pertes ou détériorations ne proviennent pas manifestement de la faute des détenteurs. La moins-value comme les pertes ou détériorations donnent lieu à la production d'un procès-verbal circonstancié rapporté par le sous-intendant militaire chargé de la surveillance administrative du corps. Ce procès-verbal est approuvé conformément aux indications du règlement sur l'administration et la comptabilité des corps de troupe. *Les frais de lavage des effets de couchage auxiliaire sont à la charge du budget de l'habillement.*
Courroies d'ustensiles de campement. Etuis d'ustensiles de campement. Etuis de gamelles individuelles de cavalerie. Plaques d'identité sans cordons. Ustensiles. Grands bidons de tous modèles. Ustensiles. Gamelles de tous modèles. Ustensiles. Gamelles moulins à café. Ustensiles. Marmites de tous modèles. Ustensiles. Seaux en toile.	A et B.	
Ceintures de flanelle. Sachets en toile pour vivres de réserve.	B et C.	B. Ceux de ces effets nécessaires à l'effectif de paix sont *déposés* dans les magasins de compagnie, sans cesser d'appartenir au service de réserve. C. Ceux de ces effets qui sont déposés dans les compagnies sont entretenus et remplacés sur les fonds particuliers de ces unités (Art. 4 de l'instruction.)

TABLEAU N° 2.
—
Art. 14 du Règlement
du
16 novembre 1887.

TABLEAU DES MATIÈRES ET EFFETS

QUI COMPOSENT L'APPROVISIONNEMENT DU CORPS.

DÉSIGNATION DES MATIÈRES ET EFFETS.	OBSERVATIONS.
A — 1re PORTION. — EFFETS ET MATIÈRES QUE LE CORPS DOIT TOUJOURS, EN TEMPS DE PAIX, RECEVOIR DES MAGASINS ADMINISTRATIFS OU QU'IL EST AUTORISÉ A CONFECTIONNER.	Il est dérogé au principe posé par le règlement sur la comptabilité des matières appartenant au département de la guerre en ce qui concerne le matériel susceptible d'être livré à charge de payement par la masse d'habillement. Pour ce matériel, les classements « neuf », « en cours de durée » et « instruction », sont conservés. Dans tous les autres cas, le matériel doit figurer dans les comptes à l'un des classements « bon pour le service » ou « hors de service ».
§ 1er. — *Matières premières.*	
Drap de toutes nuances.	
Velours noir.	
Toile......... à doublure... en lin.	
Toile......... à doublure... en coton.	
Toile......... à tente dite 3 fils.	
§ 2. — *Effets d'habillement.*	
Capote.	
Collet à capuchon en drap.	
Dolman ou tunique ou vareuse-dolman.	
Gilet.	
Guêtres-jambières en drap (paire de).	
Manteau en drap (*adjudant et troupe*).	
Pantalon d'ordonnance.	
Pantalon de cheval.	
Veste de travail.	
Veste d'ordonnance.	
Fausses-bottes (paire de).	
Les pattes et écussons à numéro.	
Les attributs autres que ceux obtenus à l'emporte-pièce.	
§ 3. — *Coiffure.*	
Képi.	
Casque.	
Casquette.	
Shako.	
Visière de képi.	
§ 4. — *Effets de grand équipement.*	
Banderole.... porte-giberne de cavalerie.	
Banderole.... d'étui de revolver.	
Bretelle de fusil, de carabine ou de mousqueton.	
Bretelle de suspension pour cartouchière................	

DESIGNATION DES MATIÈRES ET EFFETS.	OBSERVATIONS
Cartouchière.	
Courroie de ceinture de revolver.	
Ceinturon *complet en cuir noirci et en cuir fauve.*	
Etui de revolver.	
Giberne.	
Havresac.	
Lanière de revolver.	
Poche à cartouches.	
Porte-épée-baïonnette.	
Porte-fourreau de sabre-baïonnette.	
Pièces de garniture de ceinturon *en cuir noirci et en cuir fauve.* — Plaque.	
Pièces de garniture de ceinturon *en cuir noirci et en cuir fauve.* — Coulant.	
Pièces de garniture de ceinturon *en cuir noirci et en cuir fauve.* — Chape à barrette mobile.	
Pièces de garniture de ceinturon *en cuir noirci et en cuir fauve.* — Verrou.	
§ 5. — *Effets de chaussure.*	
Bottes sans éperons (paire de).	
Bottines sans éperons (paire de).	
Brodequins (paire de).	
Guêtres de cuir (paire de).	
Souliers (paire de).	
§ 6. — *Effets de campement.*	
Petit bidon.. de 1 litre.	
Petit bidon.. de 2 litres.	
Peau de bouc.	
Courroie.... de petit bidon de 1 litre.	
Courroie.... de petit bidon de 2 litres.	
B. — 2e PORTION. — Effets et matières que le corps est autorisé a acheter ou qu'il ne reçoit qu'éventuellement des magasins administratifs.	
Tous les effets de la nomenclature qui ne figurent pas ci-dessus et qui ne sont pas délivrés gratuitement au corps (tableau no 1) composent la 2e portion.	

MINISTÈRE
DE LA GUERRE.

e CORPS D'ARMÉE.

DÉPARTEMENT
d
ou
ARMÉE d

e TRIMESTRE.

RÉPUBLIQUE FRANÇAISE.

TABLEAU N° 3.

Art. 11 du Règlement du 16 novembre 1887.

Prestations en deniers du service de l'habillement.

EXERCICE 189 .

CHAPITRE , ARTICLE , PARTIE.

1re SECTION. — SERVICE ORDINAIRE.

Arme :

Corps :

PIÈCES A L'APPUI.

Bordereau récapitulatif, modèle n° 193
Etat des primes fixes
Feuille de rectification ....
Pièces diverses.....

TOTAL......

TABLEAU donnant le crédit et le débit de la masse d'habillement, d'après la revue trimestrielle de liquidation concernant le service de la solde.

Indiquer ci contre les causes qui ont amené à effectuer une réduction sur la prime mensuelle normale ou qui ont motivé la perception de supplément à la dite prime.

CRÉDIT DU CORPS.

§ 1er. FONDS COMMUN DU CORPS.

	NOMBRE DE JOURNÉES ayant donné droit à la prime journalière pendant le trimestre que le présent tableau concerne.	NOMBRE DE JOURNÉES afférentes à des sous-officiers rengagés ou commissionnés en position d'absence avec solde de présence au 18 . A ajouter (1).	ENSEMBLE.	NOMBRE DE JOURNÉES afférentes à des sous-officiers rengagés ou commissionnés en position d'absence avec solde de présence au 18 . A déduire (2).	RESTE.	DÉCOMPTES.	TOTAL par NATURE d'allocation
1° Prime journalière à 0f 01... Armée active..........							
Réserve de l'armée active..............							
Armée territoriale.....							
2° Prime mensuelle Mois							
3° Supplément de prime mensuelle							

§ 2. FONDS PARTICULIERS DES UNITÉS ADMINISTRATIVES.

INDICATIONS DIVERSES.	DÉSIGNATION des bataillons.	DÉSIGNATION des compagnies, escadrons ou batteries.	ARMÉE ACTIVE. Primes journalières. — Sous-officiers, caporaux ou brigadiers et soldats. 0 fr. 175.	0 fr. 22.	0 fr. 24.	0 fr. 29.	0 fr. 30.	0 fr. 31.	Nombre de journées pour lesquelles la portion de la prime journalière d'entretien est due au corps pour les militaires en subsistance dans les écoles militaires. A pied. 0 fr. 03.	0 fr. 05.	0 fr. 13.	0 fr. 15.	A cheval. 0 fr. 06.	0 fr. 07.	0 fr. 08.	0 fr. 18.	0 fr. 19.	0 fr. 20.	Supplément journalier de 0 fr. 06 aux troupes de toutes armes faisant partie des groupes alpins, ainsi qu'aux régiments régionaux occupant des garnisons alpines.
1	2	3	4	5	6	7	8	9	10	11	12	13	14	15	16	17	18	19	20
Totaux.....																			
Nombre de journées afférentes à des sous-officiers rengagés ou commissionnés en position d'absence avec solde de présence au 18 . (État ci-joint.) A ajouter (1)..																			
Ensemble.....																			
A déduire (2).																			
Reste.......																			
Décomptes........																			
Totaux généraux...																			
Crédit du corps. (A reporter)........																			

INDICATIONS DIVERSES.	ARMÉE ACTIVE. Primes fixes. Nombre de militaires ayant eu droit aux primes fixes. 1° Sous-officiers promus officiers sans avoir suivi les cours d'une école militaire d'élèves-officiers ou nommés à l'un des emplois indiqués au tarif n° 22 du décret du 27 décembre 1890 ; 2° Brigadiers, caporaux et soldats rengagés ou commissionnés nommés à l'un des emplois indiqués au tarif sus-visé. A pied 25 fr.	A cheval 30 fr.	Militaires de tous grades (adjudants, chefs armuriers et maîtres selliers exceptés) admis à la retraite ou réformés par congé n° 1. A pied 25 fr.	A cheval 30 fr.	Nombre de sous-officiers nommés élèves-officiers dans les écoles militaires et pour lesquels est due la prime fixe. de 36 fr.	de 130 fr.	de 164 fr.	RÉSERVE DE L'ARMÉE ACTIVE. Primes journalières. — Sous-officiers, caporaux ou brigadiers et soldats. 0 fr. 22.	0 fr. 24.	0 fr. 29.	0 fr. 30.	0 fr. 31.	Supplément journalier de 0 fr. 06 aux troupes de toutes armes faisant partie des groupes alpins, ainsi qu'aux régiments régionaux occupant des garnisons alpines.	ARMÉE TERRITORIALE. Primes journalières. — Sous-officiers, caporaux ou brigadiers et soldats. 0 fr. 22.	0 fr. 24.	0 fr. 29.	0 fr. 30.	0 fr. 31.	Supplément journalier de 0 fr. 06 aux troupes de toutes armes faisant partie des groupes alpins, ainsi qu'aux régiments régionaux occupant des garnisons alpines.
1	21	22	23	24	25	26	27	28	29	30	31	32	33	34	35	36	37	38	39
Totaux.....																			
A ajouter (1)..																			
Ensemble.....																			
A déduire (2).																			
Reste.......																			
Décomptes........																			
Totaux généraux...																			
Crédit du corps. (A reporter)........																			

(1) Tableau des prestations du 4e trimestre de l'exercice. — (2) Tableau des prestations du 1er trimestre de l'exercice.

Crédit du corps (somme à inscrire dans la colonne 97 du rapport de liquidation)..	

DÉBIT DU CORPS.

1° Mandats délivrés.

NUMÉROS DES MANDATS.	DATES DES MANDATS.	DÉPARTEMENTS sur la caisse desquels les payements ont été assignés.	MONTANT des MANDATS DÉLIVRÉS dans la circonscription administrative.	dans d'autres circonscriptions administratives.	TOTAL.
		TOTAUX des mandats délivrés..............			

2° Déductions faites sur le montant des états de payement pour valeur des effets reçus des approvisionnements de l'Etat.

DATES DES FACTURES.	DÉSIGNATION DU MAGASIN LIVRANCIER. (Magasin administratif ou réserve de guerre des corps de troupe.)	MONTANT de CHAQUE DÉDUCTION.
	TOTAL des déductions.....	

MONTANT TOTAL du débit du corps........	
Le crédit du corps étant de................	
Il ressort un (1) perçu de........	

(1) Moins *ou* trop.

(2) Membres du conseil d'administration *ou* officier commandant.

(3) Désigner les grades des signataires.

CERTIFIÉ par nous (2) le présent tableau, duquel il résulte qu'il a été perçu en (1) par le corps la somme de au titre de la masse d'habillement et d'entretien pendant le e trimestre 189 .

A , le 189 .

VU ET VÉRIFIÉ : (3)

Le Sous-Intendant militaire,

e CORPS D'ARMÉE

c DIVISION.

c BRIGADE.

MOIS DE

N°
au registre-journal

(1) Compagnie, escadron ou batterie.

COMPTE DE L'HABILLEMENT

e RÉGIMENT D

(1)

BON des matières et effets nécessaires

MODÈLE N° 1.

Article 55 du règlement du 16 novembre 1887.

Le commandant de la compagnie a soin de régler sa demande de manière à conserver disponible, au minimum, à son fonds particulier la somme nécessaire au paiement des réparations, imputations et dépenses de toute nature qui sont à la charge de ce fonds.

		Prime journalière.	Nombre de journées et de mutations donnant droit aux primes pendant le mois de	Décompte. Mois de	Situation de la compagnie.	OBSERVATIONS.
Situation du fonds particulier au 1er jour du mois						
DROITS ACQUIS. Sommes allouées par la feuille de journées pendant le mois de — Primes journalières. Sous-officiers et soldats.	à pied					
	à cheval					
Portion de la prime journalière perçue pour les militaires en subsistance dans les écoles militaires. À pied.	École supérieure de guerre					
	Toutes les autres écoles					
Portion de la prime journalière perçue pour les militaires en subsistance dans les écoles militaires. À cheval.	École supérieure de guerre					
	Toutes les autres écoles					
Supplément aux troupes de toutes armes faisant partie des groupes alpins ainsi qu'aux régiments régionaux occupant des garnisons alpines						
Primes fixes en deniers.	Sous-officiers nommés élèves-officiers dans une école militaire					
	Sous-officiers promus officiers sans avoir suivi les cours d'une école militaire d'élèves-officiers ou nommés à l'un des emplois indiqués au tarif n° 22 du décret du 27 décembre 1890 ; caporaux, brigadiers et soldats rengagés ou commissionnés nommés à l'un des emplois indiqués au tarif susvisé — à pied	25 »				
	Militaires de tous grades (adjudants, chefs armuriers et maîtres selliers exceptés) admis à la retraite ou réformés par congé n° 1 — à cheval	30 »				
				120 »		
TOTAL						
Secours du fonds commun						
Répartition par le fonds commun de la différence entre les prix d'achat ou de revient et les prix de la nomenclature						
TOTAL du crédit mensuel						
CRÉDIT GÉNÉRAL de la compagnie						

NOTA. — On entend par hommes à cheval les militaires habillés et équipés en cavaliers.
Les musiciens des écoles d'artillerie, les conducteurs dans les batteries de montagne et les conducteurs de mulets de bât dans le train des équipages reçoivent la prime journalière des hommes à pied.
La prime journalière des fonds particuliers est perçue pour les permissionnaires de vingt-quatre heures.

Détail des matières et effets demandés.

Les matières et effets demandés sont inscrits dans la 1re colonne en suivant l'ordre de la nomenclature du service de l'habillement. Ceux de la 1re portion sont d'abord inscrits et totalisés ; ceux de la 2e portion sont inscrits à la suite et totalisés également. Au bas de la dernière page, on établit le total général.

DÉSIGNATION des matières et effets.	Unité réglementaire.	Prix de l'unité.	Quantités demandées.	DÉCOMPTE en deniers.	INDICATION DES TAILLES pour le petit équipement. 1re.	2e.	3e.	TOTAL.
		fr. c.		fr. c.				
1re PORTION.								
Pantalons de cheval de soldat.	Nombre	25 »	14	350 »				
Tuniques.......	Id.	24 55	2	49 10				
Vestes.........	Id.	10 »	13	130 »				
TOTAL de la première portion.......				529 10				

DÉSIGNATION des matières et effets.	Unité réglementaire.	Prix de l'unité.	Quantités demandées.	DÉCOMPTE en deniers.	INDICATION DES TAILLES pour le petit équipement. 1re.	2e.	3e.	TOTAL.
2e PORTION.								
Total de la 2e portion.......				292 45				
Report de la 1re portion.......				529 10				
Total général......				821 55				

Arrêté le montant du présent bon à la somme totale de huit cent vingt-et-un francs cinquante-cinq centimes.

A , le

Le Capitaine commandant l

Pointures des effets compris au présent bon.

TYPES.	SUBDIVISIONS DE TYPES.	EFFETS D'HABILLEMENT. Capotes. Sous-officiers et soldats.	TUNIQUES ou DOLMANS. Sous-officiers.	TUNIQUES ou DOLMANS. Soldats.	Manteaux.	PANTALONS d'ordonnance. Sous-officiers à pied.	PANTALONS d'ordonnance. Sous-officiers à cheval.	PANTALONS d'ordonnance. Soldats.	PANTALONS de cheval. Sous-officiers.	PANTALONS de cheval. Soldats.	Vestes.	INDICATION DE LA POINTURE.	CHAUSSURES (paires de). Bottines.	CHAUSSURES (paires de). Brodequins.	CHAUSSURES (paires de). Souliers.
A												26 {1, 2, 3, 4}			
B												27 {1, 2, 3, 4}			
C												28 {1, 2, 3, 4}			
D												29 {1, 2, 3, 4}			
E												30 {1, 2, 3, 4}			
F												31 {1, 2, 3, 4}			
G												32 {1, 2, 3, 4}			
H												33 {1, 2, 3, 4}			
I															
Tailles exceptionnelles.															
TOTAUX.															

COIFFURE. NUMÉROS et grosseurs.	Képis.	Casques ou shakos.	Casquettes.
53			
54			
55			
56			
57			
58			
59			
60			
61			
62			
63			
TOTAUX.			

TAILLES.	Fausses bottes (paires).	Visières de képis.	
TOTAUX.			

TAILLES.	CEINTURONS. Hommes à pied.	CEINTURONS. Hommes à cheval.	Guêtres de cuir (paires).
TOTAUX.			

TAILLES.			
TOTAUX.			

FORMAT DU PAPIER :

Hauteur........ 0m,380.
Largeur........ 0m,245.

Désigner le corps.

Modèle n° 2.

—

Article 77 du règlement du 16 novembre 1887.

REGISTRE AUXILIAIRE

DESTINÉ A RECEVOIR L'INSCRIPTION DU MATÉRIEL DU FONDS COMMUN DÉLIVRÉ GRATUITEMENT POUR LES BESOINS GÉNÉRAUX DU CORPS.

Ce registre doit recevoir l'inscription, dans l'ordre de la nomenclature, de tout le matériel en service appartenant au fonds commun,

Savoir :

Mobilier du conseil d'administration (coffre-fort, timbres, tapis, urne, etc.),

Matériel de la salle d'honneur (bustes, portraits, tapis, tables, chaises, etc.);

Magasin d'habillement (balances, bascules, poids, marques, poinçons, rideaux, etc.);

Commission régimentaire de réception (gabarits, jauges, piges, compte-fils, etc.);

Objets divers confiés à l'officier de casernement (à l'exception des outils inscrits au contrôle général);

Objets divers à la disposition des chefs ouvriers;

Instruments de musique, gibernes, banderoles de giberne, etc.

Le présent registre est divisé en deux parties. La première partie concerne les distributions. La seconde partie se rapporte aux réintégrations.

Au moment où le matériel est mis en service, il est inscrit à la première partie sous l'une des rubriques : Remis au chef de corps, au trésorier, à l'officier d'habillement, à l'officier de casernement, au président de la commission des ordinaires, au président de la commission de réception régimentaire, au directeur des écoles, au premier ouvrier tailleur, au premier ouvrier cordonnier, à la e compagnie et au chef de musique.

Il est ouvert un compte spécial pour chaque partie prenante. Le compte du chef de musique est le dernier du registre.

Au moment où le matériel est réintégré on l'inscrit à la seconde partie, à la rubrique correspondante.

Dans chaque partie, la valeur du matériel est décomptée d'après les prix de la nomenclature au classement : « En cours de durée », sauf les instruments de musique, etc...., confiés aux élèves musiciens, dont la valeur est décomptée d'après les prix au classement « Instruction ».

Les distributions sont justifiées par les bons des parties prenantes.

Les réintégrations sont appuyées de bulletins de versement.

Les distributions et les réintégrations sont totalisées le dernier jour de chaque trimestre, pour être passées en écritures, sous un numéro unique, au registre des entrées et des sorties du matériel appartenant au corps.

La valeur du matériel restant en service est comprise aux comptes trimestriels et au compte annuel de la masse d'habillement, dans la décomposition de la richesse effective, sous la rubrique : « Valeur du matériel appartenant au fonds commun et détenu par divers. »

1re PARTIE. — DISTRIBUTIONS (1).

NUMÉROS des BONS.	NUMÉROS au REGISTRE des entrées et des sorties.	DATES.	DÉSIGNATION DU MATÉRIEL DISTRIBUÉ.	DÉCOMPTE.
		Prix.....		

(1) Sur le modèle commercial, ce titre est imprimé sur le recto d'un feuillet blanc qui fera suite à celui portant le titre du modèle.
Ce modèle ne sera mis en pratique qu'à partir du 1er janvier 1899.

Chef de musique.

NUMÉROS		DATES.	DÉSIGNATION DU MATÉRIEL DISTRIBUÉ.	DÉCOMPTE.
des DONS.	au REGISTRE des entrées et des sorties.			

DÉSIGNATION DU MATÉRIEL DISTRIBUÉ.	DÉCOMPTE.	TOTAL

2e Partie. — RÉINTÉGRATIONS (1).

NUMÉROS		DATES.	DÉSIGNATION DU MATÉRIEL RÉINTÉGRÉ.	DÉCOMPTE.
des bulletins.	au registre des entrées et des sorties.			

(1) Voir le renvoi 1 de la page 43.

Chef de musique.

NUMÉROS			DÉSIGNATION DU																		

MATÉRIEL RÉINTÉGRÉ.														DÉCOMPTE.

DÉSIGNATION DU MATÉRIEL RÉINTÉGRÉ.	DÉCOMPTE.	TOTAL.

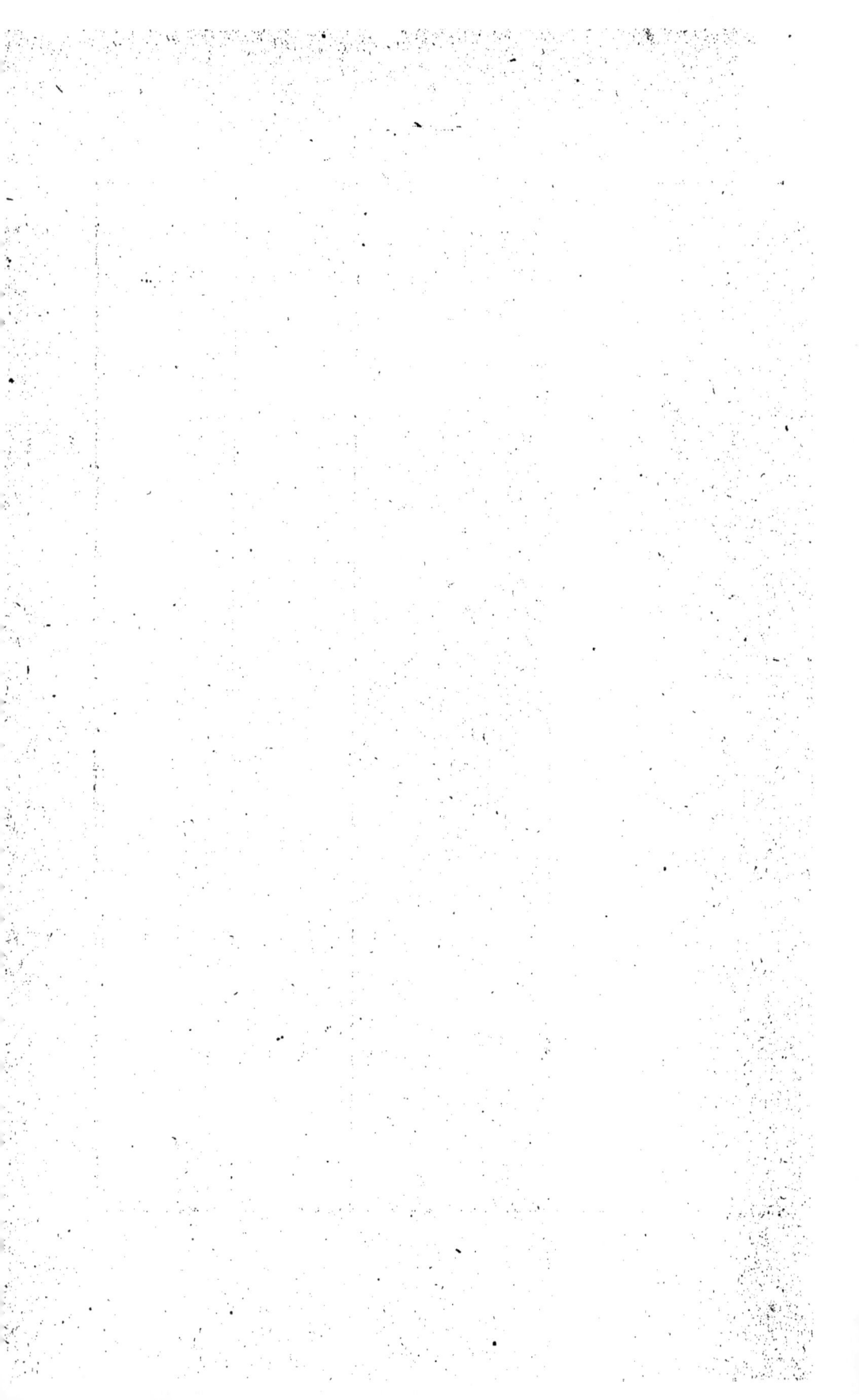

Art. 60 du Règlement du 16 novembre 1887.

TABLEAU B.

Effets à emporter par les sous-officiers, caporaux, brigadiers et soldats en cas de mutations.

TABLEAU B.

Art. 60 du Règlement du 16 novembre 1887.

Effets à emporter par les sous-officiers, caporaux, brigadiers et soldats, en cas de mutations.

DÉSIGNATION DES MUTATIONS.	GRADES.	CAPOTE OU MANTEAU.	TUNIQUE OU DOLMAN.	VESTE.	ÉPAULETTES (paire d').	PANTALONS D'ORDONNANCE	PANTALONS DE CHEVAL.	KÉPI OU CHÉCHIA avec gland.	CHAUSSURES (paire de). (1)	COLLECTION D'EFFETS de petit équipement.	OBSERVATIONS. (1) Souliers avec guêtres, ou brodequins ou bottes ou bottines.
1	2	3	4	5	6	7	8	9	10	11	12
1er CAS. A, B, C. — Militaires changeant de corps, militaires de la 1re portion renvoyés dans la disponibilité ou la réserve, ou en congé en attendant leur passage dans la réserve; militaires réformés par congé nº 2, militaires renvoyés par annulation d'acte d'engagement.	Sous-officier	D: 1 ou 1 (colonnes 3-4)		»	»	E: 1 ou 1 (colonnes 7-8)		1	1	1 F	A. — Les caporaux et soldats rengagés et commissionnés sont traités comme les sous-officiers non rengagés ou non commissionnés.
	caporal et soldat.	D: 1 ou 1 ou 1 (colonnes 3-5)			»	E: 1 ou 1 (colonnes 7-8)		1	1	1 F	B. — Les indigènes de tous grades des régiments de tirailleurs algériens et tunisiens emportent : Des effets d'habillement de toile en été, des effets de drap en hiver.
2e CAS. C. — Sous-officiers promus officiers sans avoir suivi les cours d'une école militaire d'élèves-officiers ou nommés à l'un des emplois indiqués au tarif nº 22 annexé au décret du 27 décembre 1890; caporaux, brigadiers et soldats rengagés ou commissionnés nommés à l'un des emplois indiqués au tarif sus visé. — Militaires de tous grades admis à la retraite ou réformés par congé nº 1.	Sous-officier	»	1	»	»	E: 1 ou 1 (colonnes 7-8)		1	1	1 F	C. — Tous les effets emportés doivent appartenir à la tenue en drap fin pour les sous-officiers rengagés ou commissionnés. A la collection nº 2 pour les sous-officiers. A la collection nº 3 pour les hommes autres que ceux visés au renvoi A ci-dessus.
	caporal et soldat.	»	1	»	»	E: 1 ou 1 (colonnes 7-8)		1	1	1 F	
3e CAS. — Sous-officiers nommés élèves dans une école. Sous-officiers, caporaux et soldats passant au cadre d'une école. Sous-officiers, caporaux et soldats passant définitivement à un autre corps et à pourvoir exceptionnellement d'effets neufs, très bons ou bons.	Sous-officier caporal et soldat.	Le nombre et la nature des effets à emporter sont déterminés par les *instructions* du Ministre *et, à défaut,* par les ordres du commandement local, selon les circonstances, et remboursés à la compagnie, suivant les prescriptions de l'article 32.									D. — Tunique ou dolman ou capote pour les sous-officiers. — Tunique, ou dolman ou capote ou veste pour les caporaux, brigadiers et soldats au choix du commandant de l'unité. E. — L'un ou l'autre de ces effets dans les troupes à cheval. F. — Cette collection comprend : 1 paire de bretelles de pantalon. — 1 caleçon. — 1 chemise. — 1 mouchoir de poche. — 1 cravate.
4e CAS. G. — Sous-officiers, caporaux et soldats en prison préventive en attendant leur comparution devant un conseil de guerre ou un tribunal civil.	Sous-officier	D: 1 ou 1 (colonnes 3-4)		»	»	E: 1 ou 1 (colonnes 7-8)		1	1	1 H	G. — Les effets distribués doivent pouvoir être maintenus en service pendant trois mois environ.
	caporal et soldat.	D: 1 ou 1 ou 1 (colonnes 3-5)			»	E: 1 ou 1 (colonnes 7-8)		1	1	1 H	
5e CAS. — Militaires allant aux eaux thermales. A l'hôpital, en congé, en permission, en mission, etc.	Sous-officier caporal et soldat.	Le nombre et la nature des effets à emporter sont déterminés par les *instructions* du Ministre *et, à défaut,* par les ordres du commandement local, selon les circonstances.									H. Cette collection comprend : 1 paire de bretelles de pantalon. — 2 caleçons. — 2 chemises. — 1 cravate. — 1 étui-musette. — 2 mouchoirs. — 1 sac de petite monture garni. — 1 gamelle individuelle.

TABLEAU B^bis.

Art. 60 du Règlement du 16 novembre 1887.

Effets à emporter par les tirailleurs indigènes sahariens en cas de mutation.

DÉSIGNATION des MUTATIONS.	GRADES.	BURNOUS marron ou blanc.	BOURGERON ou gandoura.	PANTALON coton ou toile.	CHÈCHIA.	SEBATS EL KEFALA.	SOULIERS ARABES à talons.	COLLECTION D'EFFETS de petit équipement.	OBSERVATIONS.
1er CAS. C. (K). — Militaires libérés ou réformés :									C. — EFFETS INSTRUCTION. F 1 chemise. 1 ceinture cuir. 1 chèche. 1 mouchoir. H 2 chemises. 1 musette. 2 mouchoirs. 1 ceinture cuir. 1 sac de petite monture garni. 1 gamelle. 1 cuiller. 1 quart. du campement collectif et tente-abri en hiver au nord de Ghardaïa. (K) Si ces hommes ont à marcher avec un convoi, ils reçoivent en plus : 1 bidon avec courroie. 1 quart. 1 musette. du campement collectif de cuisine. Tente-abri (en hiver au nord de Ghardaïa) et couvre-pieds. Quand les ressources du magasin le permettent, les hommes envoyés dans le nord peuvent être habillés avec des effets de drap de tirailleurs algériens, souliers et guêtres.
En été	Militaires de tous grades.	»	1	1	1	1 ou	1	1 F	
En hiver (1er octobre au 1er avril)............		1	1	1	1	»	1	1 F	
2e CAS. C. — Militaires allant comparaître devant un conseil de guerre.	Militaires de tous grades.	1	1	1	1	»	1	1 H	

N° 2. *Instruction relative à l'application du règlement sur le service de l'habillement dans les corps de troupe.*

TITRE PREMIER.

RÉGLES GÉNÉRALES CONCERNANT LES ALLOCATIONS.

CHAPITRE PREMIER.

RÈGLES D'ALLOCATIONS.

Prestations.

Art. 1er. Les prestations allouées aux corps de troupe sont uniquement des prestations en deniers, à l'exception de la première mise qui peut être partiellement constituée en nature.

Droit aux prestations exercé au profit du corps.

Art. 2. Cet article confirme un principe appliqué dans toute l'armée, depuis que la masse individuelle a été supprimée dans les corps de troupe (escadron de spahis sahariens, régiments de spahis algériens, de sapeurs-pompiers et corps de la gendarmerie exceptés).

Bases des allocations.

Art. 3. Aux termes de l'article 3 du décret, « pour chaque journée donnant droit à la solde de présence, il est alloué au corps une journée de prime en deniers, fixée par le tarif n° 1. »

En conséquence, les journées passées en mer par les hommes de troupe embarqués pour se rendre en Corse, en Algérie et en Tunisie, ou pour en revenir, quand elles ne donnent pas droit à la solde de présence, ne donnent pas droit non plus aux primes journalières d'habillement.

Lorsque des hommes de troupe sont embarqués sur des bâtiments de l'Etat ou de commerce pour d'autres destinations, soit isolément, soit en troupe, des instructions ministérielles spéciales déterminent, dans chaque cas, comme pour la solde et les vivres, les prestations du service de l'habillement qui leur seront allouées pour le temps de la traversée.

Les primes du tarif n° 1 ont été calculées de manière à suffire, non seulement aux dépenses normales d'entretien, mais encore à celles qui peuvent résulter de certains cas particuliers.

A ces ressources normales viennent d'ailleurs s'ajouter les recettes éventuelles indiquées à l'article 7 du règlement.

Matériel mis gratuitement à la disposition du corps.

Art. 4. Les effets, objets et ustensiles de campement, et généralement tous les effets et objets énumérés au tableau n° 1, sont demandés distinctement pour le service courant et le service de réserve, dans la forme qui sera indiquée à l'article 22 pour les demandes d'effets, matières et accessoires du service de l'habillement.

Lorsque des effets ou objets énumérés au tableau n° 1 sont placés dans les magasins d'une compagnie, ils ne deviennent pas la propriété de cette compagnie et ne lui sont délivrés qu'à titre de dépôt. Les ustensiles de campement, les ceintures de flanelle, les sachets à vivres et, s'il y a lieu, les couvertures de marche et les sacs tentes-abris, sont déposés dans les magasins de compagnie quand l'emplacement le permet, tout en continuant à figurer à la réserve de guerre, dans les comptes de l'officier d'habillement.

Les ceintures de flanelle du service courant peuvent, sur l'ordre du chef de corps ou de détachement et l'avis du médecin, être distribuées aux hommes sans autorisation préalable.

En cas d'urgence, et lorsque le nombre des ceintures du service courant est insuffisant pour en pourvoir tous les hommes, le commandement peut prescrire un prélèvement sur les ceintures de flanelle de la réserve de guerre déposées dans les compagnies.

Les ceintures ainsi prélevées passent au service courant et deviennent la propriété de la compagnie, mais le corps doit immédiatement les remplacer à la réserve de guerre par un achat direct dans le commerce.

En principe, les corps ne doivent jamais présenter à la réforme le matériel de campement; la réintégration en magasin, l'échange ainsi que le classement « hors de service » de ce matériel a lieu d'après les règles suivantes :

1° *Matériel faisant partie des approvisionnements de réserve gérés par les corps de troupe.*

Les pertes ou détériorations résultant de la mise en service de ce matériel à l'occasion des grandes manœuvres, exercices, etc., sont constatées, sur place, au moyen de procès-verbaux rapportés par les sous-intendants militaires chargés de la surveillance administrative des corps gestionnaires.

Dans ces actes, les sous-intendants militaires font ressortir d'une part, le nombre, par espèce, des effets, ustensiles ou objets manifestement irréparables et à classer hors de service, et, d'autre part, ceux susceptibles d'être réparés.

Pour les effets, ustensiles ou objets susceptibles d'être réparés, ces fonctionnaires indiquent les réparations pouvant être effectuées par les corps, et celles qui ne pouvant être effectuées par eux, entraînent l'échange au magasin administratif du matériel détérioré.

Ces procès-verbaux sont approuvés dans les conditions déterminées au règlement sur l'administration et la comptabilité des corps de troupe.

Les demandes d'échange sont accompagnées d'un extrait des procès-verbaux en ce qui concerne ces effets ou objets.

Le comptable du magasin administratif doit les recevoir dans les conditions indiquées sur cet extrait, sauf à faire constater ensuite, par procès-verbal, les changements de classement qu'il pourrait y avoir lieu d'opérer.

Les corps ne sont plus à mettre en cause dans cette opération puisque leur responsabilité a été déterminée par les procès-verbaux des sous-intendants militaires chargés de leur surveillance administrative;

2° *Grandes tentes avec accessoires et matériel de couchage auxiliaire mis temporairement à la disposition des corps.*

Le matériel de cette nature mis à la disposition des corps de troupe doit, lorsqu'il est réintégré au magasin administratif, être vérifié par l'officier d'administration comptable, en présence d'un officier du corps et, à défaut, d'un représentant désigné d'office.

Les pertes ou dégradations constatées donnent lieu à l'établissement par le comptable du magasin administratif, d'un état d'imputation à talon (modèle n° 14 annexé à l'instruction pour l'application du règlement sur la comptabilité des matières appartenant au département de la guerre).

Cet état est certifié contradictoirement par l'officier d'administration comptable et la partie versante. Ledit état est soumis au sous-intendant militaire chargé de la surveillance administrative de l'établissement qui, après vérification, le signe pour mise à la charge de qui de droit de la somme imputée.

En cas de contestation entre l'officier d'administration comptable et la partie versante, il est procédé comme il est indiqué au règlement précité sur la comptabilité des matières;

3° *Réparations à effectuer par les corps de troupe.*

Sauf le cas d'impossibilité absolue, constaté par le directeur de l'intendance, tous les ustensiles de campement susceptibles d'être réparés sont mis en état par les soins des corps de troupe.

Quant aux grandes tentes, aux sacs tentes abris, aux couvertures et aux effets de couchage auxiliaire, ils sont toujours réintégrés au magasin administratif dans l'état où ils se trouvent, les dispositions du règlement sur l'administration et la comptabilité des corps de troupe n'étant applicables qu'aux ustensiles de campement.

4° *Destination à donner au matériel « hors de service ».*

A l'exception des grandes tentes, des sacs tentes abris, des couvertures et des effets de couchage auxiliaire qui, conformément aux prescriptions ci-dessus, sont toujours réintégrés au magasin administratif dans l'état où ils se trouvent, les ustensiles ou objets de campement, non susceptibles d'être réparés sont classés sur place « hors de service ».

Ceux de ces ustensiles ou objets nécessaires pour les réparations sont conservés par les corps, les autres sont remis à l'administration des domaines, également sur place, afin d'éviter les frais de transport.

CHAPITRE II.

MASSE D'HABILLEMENT.

Constitution et objet de la masse d'habillement.

Art. 5. La masse d'habillement pourvoit à l'achat de tous les effets et matières, à l'exception de ceux qui figurent au tableau n° 1, et à toutes les dépenses nécessaires pour leur conservation et leur entretien.

L'importance des sommes dont disposent les corps pour la 2e portion a permis de comprendre au nombre des effets à acheter directement par eux certains effets qu'il n'est pas indispensable de faire tirer des magasins administratifs.

Ce sont les suivants :

Les épaulettes;
Les bourgerons de toile;
Les ceintures de flanelle et de laine *du service courant;*
Les boites et demi-boites à livrets;
Les boites à plaque d'identité;
Les guêtres de toile;
Les guêtres-jambières de toile;
Les cordons de plaque d'identité.

La masse d'habillement pourvoit aussi à l'achat des effets suivants, qui sont considérés comme effets de la 2e portion :

Ceintures de natation et de gymnase;
Vestes de gymnase;
Caleçons de bain;
Cannes de tambour-major et de caporal tambour;
Cordons de canne.

La masse pourvoit encore à la fourniture du manteau, du casque et de la matelassure de cuirasse des adjudants, dans les armes où ces effets étaient délivrés au compte du service de l'habillement.

Celle des corps d'origine pourvoit, en outre, à la fourniture des effets spéciaux des conducteurs de caissons de munitions, des ordonnances stagiaires et des ordonnances des officiers des troupes à pied auxquels une tenue d'homme à cheval, analogue à celle des conducteurs de caissons de munitions, serait attribuée par des décisions spéciales, ainsi qu'à la fourniture, à l'entretien et aux réparations des effets nécessaires aux hommes à pied des corps d'artillerie qui reçoivent l'instruction à cheval.

Il a été tenu compte, dans la fixation des primes mensuelles, de ces nouvelles dépenses.

Elle supporte également les dépenses de conservation et d'entretien des approvisionnements appartenant à l'Etat, autres que les approvisionnements dits spéciaux dont le corps a la gestion, ainsi que le paiement des indemnités à allouer aux gestionnaires de ces approvisionnements.

Ces indemnités sont fixées par le général commandant le corps d'armée sur la proposition du conseil d'administration et d'après l'avis du directeur de l'intendance, en s'inspirant des bases d'allocations indiquées à l'annexe A de la présente instruction.

La masse d habillement supporte aussi :

1° Les dépenses de retouche aux effets d'habillement, de transformation aux chaussures appartenant à l'approvisionnement de l'Etat, lors de leur passage à l'approvisionnement du corps, les seules retouches imputables au budget de l'habillement étant celles à faire aux effets livrés par les magasins administratifs dans les conditions indiquées au § 6 de l'article 22 ci-après, c'est-à-dire lorsque les effets livrés n'ont pas les dimensions de ceux demandés;

2° Les frais de pose, de couture et de faufilage des pattes et écussons à numéro, etc., à placer sur les effets de la réserve de guerre.

En principe, ces frais doivent être limités à la fourniture du fil et des aiguilles, le travail devant être exécuté par les ouvriers de compagnie sans allocation de main-d'œuvre.

3° Les frais de fourniture (matières premières et confection) des tenues en drap fin délivrées aux sous-officiers rengagés ou commissionnés et aux élèves-officiers, et les dépenses relatives aux enfants de troupe maintenus exceptionnellement dans les corps.

Les dépenses étrangères au service de l'habillement (musiques, fanfares, etc.) continuent d'être réglées conformément aux décisions et instructions ministérielles en vigueur. En ce qui concerne spécialement les musiques et les fanfares, ces dépenses doivent toujours être renfermées dans les limites des fixations de la décision présidentielle du 22 septembre 1887 et de la dépêche ministérielle du 11 février 1896 (n° 1.096).

Les dépenses résultant de modifications nouvelles à la description des uniformes sont à la charge du budget de l'habillement.

Ce budget supporte également les frais de mise à l'uniforme des sections de secrétaires d'état-major et du recrutement, de commis et ouvriers militaires d'administration, d'infirmiers militaires et des compagnies de cavaliers de remonte, des effets apportés par les hommes venus d'autres corps :

1° Quand ces effets ne peuvent être versés dans un corps de même arme que le corps d'origine et stationné dans la même garnison que la section ou la compagnie;

2° Quand il y a économie pour le Trésor à ne point les renvoyer au corps d'origine.

Les indemnités allouées pour frais de bureau et de gestion d'approvisionnements spéciaux sont indiquées au tableau n° 4 annexé à la présente instruction.

Il n'est rien changé au mode de remboursement prescrit par les instructions en vigueur pour toutes les avances faites par les corps de troupe.

Division en fonds commun et fonds particuliers.

Art. 6. Les allocations attribuées au fonds commun ont été déterminées de manière à permettre au conseil d'administration de faire face aux dépenses de l'ensemble du corps et de venir en aide aux compagnies.

Ce conseil, tout en conservant des ressources pour les besoins imprévus, doit user largement de ce fonds pour secourir les fonds particuliers des compagnies.

Par des secours en deniers équitablement répartis entre les unités, il fait disparaître le plus possible les pertes ou inégalités résultant des mutations, des journées d'absence, des détachements, exercices ou manœuvres, etc.

Il prend toutes les mesures d'ordre nécessaires pour préparer la répartition de ces secours.

A cet effet, les commandants de compagnie doivent avoir soin de mentionner, sur leur cahier d'enregistrement, les cas particuliers qui peuvent donner à leur unité des titres à cette répartition. Toutes les fois qu'ils le jugent utile, ils adressent au président du conseil d'administration des demandes motivées qui sont transmises par la voie hiérarchique, revêtues de l'avis du chef de bataillon.

Les secours alloués par le fonds commun aux fonds particuliers sont passés en écritures au compte trimestriel à la suite des opérations inscrites au registre journal des recettes et dépenses et avec, pour référence, la date de la délibération du conseil d'administration.

Recettes de la masse.

Art. 7. L'application du principe posé à l'article 3 du décret permet de calculer simplement, à l'aide des éléments fournis par les feuilles de journées, les droits acquis aux différentes primes fixées par le tarif n° 1. Mais elle a pour conséquence de priver le fonds commun et les fonds particuliers de l'allocation de ces primes, dans toutes les positions d'absence.

Toutefois, les compagnies profitent des prélèvements exercés sur les indemnités ou salaires alloués à certains militaires exécutant un service ou un travail payé.

Tels sont notamment :

Les hommes travaillant en ville ;

Les hommes employés aux moissons;

Les hommes employés en Algerie ou en Tunisie à la destruction des criquets;

Les hommes détachés sur les chemins de fer, soit pour l'exploitation de certains réseaux, soit pour des travaux à exécuter aux voix ferrées, s'il continuent à être habillés par leurs corps d'origine.

La quotité des prélèvements dont il s'agit est déterminée par les conseils d'administration ou les commandants de compagnies ou sections formant corps. Il en est rendu compte au général de brigade ou à l'autorité qui en exerce les attributions.

Ces différentes recettes fournissent aux fonds particuliers des ressources qui compensent, dans une certaine mesure, les pertes résultant de la non-allocation de la prime pour les journées d'absence.

Aucun prélèvement ne peut être effectué sur les allocations faites au titre du service de marche.

Quant aux secours à recevoir du Ministre, soit pour compenser la perte subie par la masse d'habillement par suite de la non-perception des primes journalières pour les militaires de cette dernière catégorie qui n'ont pas droit à la solde de présence, soit pour tout autre motif, ils ne peuvent être accordés que dans des circonstances tout à fait exceptionnelles.

Mesures à prendre dans le cas de modification à la constitution ou à l'effectif du corps.

Art. 8. Lorsque des modifications sont apportées à la constitution ou à l'effectif d'un corps, sa masse d'habillement peut être augmentée ou diminuée.

L'importance de cette augmentation ou de cette diminution est fixée par une décision ministérielle spéciale. Toutefois, la masse ne subit aucun changement si les modifications apportées ne font varier l'effectif que dans une proportion inférieure au vingtième.

Répartition de la masse entre les diverses fractions du corps.

Art. 9. Le conseil d'administration, qui siège à la portion centrale, n'a qualité pour décider la répartition de la masse d'habillement entre les diverses fractions d'un corps, que si ce conseil est présidé par le chef de corps.

Par suite, cette répartition est de la compétence du conseil éventuel lorsque le chef de corps se trouve avec la portion détachée.

On a voulu ainsi conserver l'action du chef de corps sur tous les détachements.

Cette répartition peut être modifiée, suivant les circonstances, par une nouvelle décision du conseil d'administration compétent.

Mais, comme il est indispensable que les sous-intendants chargés de mandater les allocations dues au corps aient connaissance de ces décisions successives, il est prescrit d'en adresser une copie authentique au sous-intendant chargé de la surveillance administrative de la portion centrale, et celui-ci est tenu d'en informer ses collègues chargés de la surveillance administrative des portions détachées.

Payement de la masse d'habillement.

Art. 10. La masse d'habillement est perçue par les corps en même temps que la solde des officiers.

Le montant du décompte est compris sur des états collectifs (modèle nº 14 annexé à la présente instruction), présentant par parties prenantes les droits acquis, pendant le mois écoulé, aux différentes primes de la masse d'habillement.

Ces états sont établis en deux expéditions, dont une, portant quittance, est sur papier blanc, et l'autre, déclaration de quittance, sur papier bleu.

Ils reçoivent la même destination que les états analogues concernant le service de la solde.

Le sous-intendant militaire chargé du mandatement des prestations en deniers de la masse d'habillement, déduit de ces états le montant des duplicata des factures de livraison des effets faites au corps par les magasins administratifs pendant le mois que l'ordonnancement concerne.

Il déduit également de ces états la valeur du matériel prélevé sur les excédents des approvisionnements de l'Etat, dont le corps a la gestion, pour être passé au compte de la masse d'habillement pendant ce même mois.

Il ne mandate que la différence. Si le montant des livraisons et du prélèvement est supérieur à celui de l'état de paiement, l'excédent est retenu à la fin du mois suivant.

Toutefois la somme restant due à la fin de chacun des mois de mars, juin, septembre et décembre, sur le montant des livraisons faites et des prélèvements effectués dans le courant du trimestre, après les déductions qui ont pu être opérées sur les états de paiement des primes de la masse d'habillement concernant le trimestre, est versée au Trésor au lieu d'être retenue sur le premier état de paiement du trimestre suivant.

La valeur du matériel appartenant à la masse d'habillement cédé à l'approvisionnement de l'Etat est remboursée trimestriellement au corps, de même que toutes les avances faites par lui au budget de l'habillement, sur la production d'un relevé modèle nº 1 *bis* annexé au règlement sur la comptabilité et l'administration des corps de troupe.

Les remboursements de la valeur du matériel, soit livré par les magasins administratifs, soit prélevé sur les excédents des approvisionnements de l'Etat, doivent toujours avoir lieu distinctement; mais il ne doit être fait aucune compensation entre les dettes de la masse d'habillement et les créances à mandater à son profit; il en est de même en ce qui concerne les dettes et les créances du budget de l'habillement.

Sauf les exceptions prévues à l'article 19 ci-après, les échanges d'effets similaires et, le cas échéant, de dimensions différentes, entre l'approvisionnement de corps et celui de l'Etat, par suite des opérations du roulement, ont lieu nombre pour nombre et sans écritures.

CHAPITRE III.

DÉCOMPTES DE LIBÉRATION.

Etablissement des décomptes de libération.

Art. 11. La liquidation du compte de la masse d'habillement s'opère comme celle du compte de la solde. Toutefois, à la fin de chaque trimestre, le moins perçu est immédiatement mandaté au profit du corps, sur état spécial.

Quant au trop perçu, il est versé au Trésor.

Mention du versement est faite à la suite de l'arrêté du tableau des prestations en deniers de la masse d'habillement.

Il est également fait mention mais dans la première partie du cadre « débit du corps », du mandat délivré pour moins perçu.

Les primes fixes sont justifiées en fin de trimestre par un état nominatif indiquant les mutations qui motivent ces allocations (modèle n° 1 annexé à la présente instruction).

Cet état est joint, avec les feuilles de rectification et le bordereau récapitulatif, modèle n° 193 de la nomenclature des imprimés de la guerre, à l'un des deux tableaux, retirés des revues générales de liquidation destinés au Ministre, (5e Direction, 4e Bureau).

TITRE II.

RÈGLES GÉNÉRALES CONCERNANT LE MATÉRIEL.

CHAPITRE Ier.

COMPOSITION DES APPROVISIOENEMENTS.

Composition des approvisionnements.

Art. 12. (Sans observations.)

Approvisionnement de l'Etat.

Art. 13. (Sans observations.)

Approvisionnement du corps.

Art. 14. Dans l'approvisionnement du corps, les conseils d'administration font entrer chaque espèce de matières ou d'effets dans telle proportion qui leur paraît convenable. Pour la fixer, ils tiennent compte de la consommation moyenne des trimestres antérieurs, des besoins prévus et de la situation de l'existant dans les compagnies. L'importance de cet approvisionnement est indiquée à l'article 20 ci-après.

Approvisionnement des compagnies.

Art. 15. L'espèce et le nombre minimum d'effets qui doivent entrer dans l'approvisionnement de chaque compagnie sont déterminés par le chef de corps, conformément aux prescriptions de l'article 35 ci-après.

CHAPITRE II.

MAGASINS.

Magasins dans les corps composés de plusieurs unités administratives.

Art. 16. Le règlement pose en principe la réunion dans un seul magasin (magasin commun) des approvisionnements de l'Etat et de ceux du corps, mais prescrit en même temps que ces approvisionnements sont arrimés séparément.

Chaque unité doit avoir un magasin distinct. Il peut cependant être fait exception à cette prescription, en ce qui concerne la section hors rang, lorsque les ressources du casernement sont insuffisantes. La séparation des approvisionnements de cette section, tout en étant utile, n'est cependant pas indispensable, puisque le même officier, l'officier d'habillement, est responsable du magasin du corps et de celui de la section.

Magasins dans les compagnies et sections formant corps.

Art. 17. (Sans observations.)

Magasins dans les portions de corps détachées.

Art. 18. (Sans observations.)

CHAPITRE III.

CRÉATION ET ENTRETIEN DES APPOVISIONNEMENTS.

Création et entretien de l'approvisionnement de l'Etat.

Art. 19. Les effets et objets provenant soit des magasins administratifs, soit de versements faits par d'autres corps, soit d'achats faits par les corps et destinés à satisfaire aux besoins du service courant, sont pris en charge au titre de ce service. Mais quoique reçus en écriture au titre de ce service, ces effets, notamment ceux en drap et en cuir, doivent être versés dans le magasin de réserve affecté soit au corps ou aux détachements actifs ou de réserve, soit au corps ou aux détachements territoriaux gérés par le corps actif, en échange d'effets similaires de plus ancienne confection, ou reconnus hors d'état de faire un service de guerre, quelle que soit leur ancienneté de confection.

Cette opération doit être faite de manière à assurer, autant que possible, le maintien de l'assortiment en pointures des approvisionnements des réserves du corps actif du corps de réserve et du corps territorial.

Le major veille à ce que ces opérations soient faites fréquemment par le capitaine d'habillement et conduites de manière à éviter le maintien dans l'approvisionnement de l'Etat d'effets de confection trop ancienne.

Lorsque des pointures nécessaires pour des distributions auxquelles on ne peut surseoir font défaut à l'approvisionnement de corps, il peut être procédé, entre cet approvisionnement et celui de l'Etat, à des échanges d'effets de même nature, mais nombre pour nombre et sans qu'il soit tenu compte des tailles et pointures. On cherchera toujours à retirer de l'approvisionnement de l'Etat, dans ces échanges, les effets de la confection la plus ancienne, et à y introduire des effets de la confection la plus récente; on y établira le réassortiment des effets aussitôt que les ressources du corps le permettront. Tous ces mouvements de magasin s'opèrent sans écritures, sauf au carnet des pointures.

Si, conformément au principe de roulement, les effets reçus des magasins administratifs au titre du service courant doivent être échangés au service de réserve contre des effets de même nature, mais de modèles ou de types différents et qui, d'après les tarifs ministériels, ont une valeur différente, les corps versent au Trésor les différences de prix constatées, ou bien en poursuivent le remboursement.

Dans ces circonstances il est procédé comme il suit :

A) Les effets passés à la masse d'habillement sont d'un prix supérieur à ceux passés à la réserve de guerre :

Le montant de la différence est versé au Trésor.

B) Les effets passés à la masse d'habillement sont d'un prix inférieur à ceux passés à la réserve de guerre :

Le corps est remboursé de la différence sur la production d'un relevé modèle n° 1 *bis*.

Deux cas sont à envisager :

1° Le matériel du service de réserve (autre que celui dont la nomenclature est donnée au tableau n° 1) a été déclassé après avoir été mis en service pour les périodes d'instruction.

Dans ce cas, la différence de valeur est supportée par la masse d'habillement, cette masse ayant fait recette des primes journalières attribuées aux militaires convoqués;

2° Le déclassement du matériel de réserve provient de toute autre cause, notamment de détériorations résultant d'un long séjour en magasin, détériorations qui ont dû être constatées par des procès-verbaux.

Dans ce cas, le montant de la dépréciation subie est remboursé au corps sur la production d'un relevé modèle n° 1 *bis*.

Les créances du corps concernant la différence de valeur ou la dépréciation subie par le matériel échangé entre le service de réserve et le service courant, sont justifiées par des certificats administratifs signés du conseil d'administration et visés par le sous-intendant militaire.

Composition de la première portion de l'approvisionnement du corps.

Art. 20. La première portion de l'approvisionnement du corps doit contenir des matières ou effets correspondant aux besoins normaux des compagnies, pendant une période de six mois.

Elle doit représenter en valeur 25 p. 100 du pr duit des primes journalières des fonds particuliers calculé d'après les perceptions des quatre plus récents trimestres, en ce qui concerne les troupes à pied, et 20 p. 100 de ce même produit en ce qui concerne les troupes à cheval.

Toutefois, pour les corps ayant une ou plusieurs portions détachées, ce quantum peut être porté, pour l'ensemble du corps, à 30 p. 100 pour les troupes à pied et à 25 p. 100 pour les troupes à cheval.

Création de la première portion.

Art. 21. (Sans observations.)

Entretien de la première portion.

Art. 22. Les demandes établies par les corps pour l'entretien à la hauteur prescrite de la 1re portion sont trimestrielles ou spéciales.

§ 1er. — *Demandes trimestrielles.*

Dans les huit derniers jours du trimestre, chaque corps établit une demande (modèle n° 2) des effets de la 1re portion nécessaires pour reconstituer à six mois son approvisionnement, qui a nécessairement baissé de la valeur des consommations mensuelles des compagnies pendant le trimestre.

Il tient compte, dans l'établissement de cette demande, des consommations faites et des besoins particuliers qu'il prévoit devoir être satisfaits dans le trimestre suivant. Le règlement lui laisse toute latitude dans le choix des matières et effets à comprendre dans cette demande, mais son importance en valeur doit être au moins égale :

1° Pour les troupes à pied, à **50** p. **100** du montant total des primes journalières acquises pendant le trimestre qui finit, au titre des fonds particuliers;

2° Pour les troupes à cheval, à **40** p. **100** du total des mêmes primes.

Toutefois, si dans le courant du trimestre des demandes spéciales ont été produites, il pourra être tenu compte de leur importance pour fixer celle de la demande trimestrielle suivante.

La demande modèle n° 2 comprend les effets de tailles normales et les effets sur mesures qui, *exceptionnellement*, ne pourraient être confectionnés dans les ateliers des corps. Elle est établie en simple expédition et au titre du service courant. Elle est appuyée :

1° Des états de pointures (mod. n° 4) remplis seulement en ce qui concerne les types et les subdivisions de types pour les effets d'habillement;

2° D'un état de pointures (mod. n° 5) en ce qui concerne les chaussures;

3° D'un état de pointures en double expédition (mod. n° 6) pour les effets à confectionner sur mesures, s'il y a lieu.

Les demandes ne doivent jamais comprendre des quantités d'effets déjà portées sur les demandes antérieures et qui, par suite de circonstances exceptionnelles, ne seraient pas encore parvenues aux corps.

Sur l'état de pointures (mod. n° 6), les mesures de chaque homme, obtenues conformément au tableau n° 5 annexé à la présente instruction, sont indiquées par le premier ouvrier du corps, sous la surveillance de l'officier d'habillement.

En cas de mal aller des effets confectionnés exactement d'après ces mesures, les retouches restent à la charge du premier ouvrier.

Les tailles des fausses bottes et les pointures des visières de képis sont indiquées dans la colonne d'observations de la demande.

§ 2. — *Demandes spéciales.*

Dans des cas particuliers, le conseil d'administration d'un corps peut, après autorisation préalable du directeur de l'intendance, établir des demandes spéciales.

Ces demandes sont produites à toutes époques et établies sur le modèle des demandes trimestrielles.

Elles ont notamment pour objet :

1° De donner au corps les moyens de faire face, sans retard, à des besoins qui ne pouvaient être prévus lors de l'établissement de la dernière demande trimestrielle;

2° De permettre la livraison aux corps d'effets qu'il serait nécessaire de faire sortir des magasins de l'Etat. Dans ce dernier cas, le directeur de l'intendance prépare la répartition de ces effets, entre les corps de la région, au prorata de leurs effectifs.

La nature et le nombre des effets qu'ils auront ainsi à recevoir sont immédiatement notifiés aux corps intéressés et ceux-ci son tenus de prendre livraison des effets dans le trimestre qui suit celui pendant lequel la notification leur a été faite.

Les conseils d'administration intéressés restent libres de comprendre ces effets sur la prochaine demande trimestrielle, ou de les inscrire immédiatement, en totalité ou en partie, sur une demande spéciale.

§ 3. — *Destination à donner aux demandes.*

Les demandes des corps sont adressées, le dernier jour du trimestre, au plus tard, au sous-intendant militaire chargé de leur surveillance administrative. Ce fonctionnaire y appose son visa daté et les transmet immédiatement à son collègue chargé de la surveillance du magasin régional, qui doit les satisfaire.

Ce dernier accuse réception de cet envoi par le retour du courrier, sur le bordereau qui l'accompagne. Le sous-intendant militaire chargé de la surveillance administrative du corps avise celui-ci de la date de la réception de sa demande par son collègue chargé de la surveillance du magasin régional.

§ 4. — *Satisfaction des demandes.*

Les ordres d'expédition doivent être donnés, et le magasin administratif doit les exécuter de telle sorte que tous les effets qu'il peut fournir parviennent au corps *dans les trente jours* qui suivent la réception de la demande par le sous-intendant militaire chargé de la surveillance du magasin régional.

L'observation de ces délais est de la plus haute importance pour l'exécution régulière du service dans les corps.

Les sous-intendants militaires chargés du service de l'habillement doivent donc prendre toutes les dispositions qu'ils jugent utiles pour la transmission la plus rapide des demandes et pour la célérité des expéditions et livraisons d'effets.

Toutes les livraisons de matériel faites par les magasins administratifs, à la masse d'habillement des corps de troupe, des écoles militaires et des établissements pénitentiaires, ainsi que les prélèvements effectués sur les excédents des approvisionnements de l'État donnent lieu à l'établissement sur papier vert, d'un duplicata à talon (modèle n° 195 M de la facture de livraison n° 369 de la nomenclature des imprimés); mais ce duplicata ne comporte aucun détail et il indique seulement le montant en argent de la facture.

Il est arrêté en toutes lettres.

Au moment où l'officier d'administration comptable livrancier adresse les factures au corps, à la portion de corps, à l'école mili-

taire ou à l'établissement pénitentiaire destinataire, il envoie les duplicata accompagnés de leurs talons au sous-intendant militaire chargé du mandatement des prestations en deniers de la masse d'habillement pour ces corps, portions de corps, écoles ou établissements.

Dès que le sous-intenddant militaire a reçu les duplicata, il en inscrit le montant au registre des pièces d'imputation, puis les remet au corps ou à l'établissement réceptionnaire pour être revêtus de son récépissé et il veille à ce que le renvoi lui en soit fait sans délai.

Le sous-intendant militaire ordonnateur garde les duplicata des corps et établissements dont il est chargé d'arrêter la liquidation et il adresse les autres aux fonctionnaires chargés de ce travail, en se conformant aux règles tracées par le règlement sur le service de la solde et des revues.

Le sous-intendant militaire, chargé d'arrêter la revue, inscrit les duplicata au registre des pièces d'imputation et ne renvoie les talons au comptable livrancier qu'après les avoir complétés par la mention du paiement. Ces talons sont annexés aux factures de livraison.

Le montant des déductions faites sur les états de paiement de chaque trimestre, est porté au débit du corps ou établissement dans le cadre tracé à cet effet au tableau des prestations de la masse d'habillement.

La valeur des effets reçus des approvisionnements de l'Etat, dans le courant d'un trimestre, est remboursée dans ce même trimestre, soit par voie de déduction sur les états de paiement des primes de la masse d'habillement, soit par voie de versement au Trésor d'après les règles tracées à l'article 10 de la présente instruction.

Lorsque, dans le délai indiqué ci-dessus, le corps n'a reçu ni les effets portés sur sa demande, ni le bulletin d'avis d'expédition de ces effets, il peut être autorisé par le général commandant le corps d'armée à faire confectionner dans ses ateliers ceux qui lui seraient indispensables pour satisfaire à des besoins urgents des compagnies.

Le général commandant le corps d'armée rend compte au Ministre de ces autorisations et du motif qui l'a déterminé à les accorder. Il avise également le directeur de l'intendance; celui-ci en donne connaissance au sous-intendant militaire, qui se fait adresser par le corps un état des effets à confectionner. Cet état rappelle la demande non satisfaite, et indique les pointures des effets non livrés. Il est transmis au sous-intendant chargé de la surveillance du magasin administratif qui devait effectuer les livraisons. Les effets portés sur cet état sont déduits de la demande.

§ 5. — *Prélèvements temporaires sur l'approvisionnement de l'Etat.*

En cas d'urgence, et si les besoins du corps ne peuvent être satisfaits en temps opportun, malgré l'emploi des moyens ci-dessus, il peut être fait, sur l'autorisation du général commandant le corps d'armée, des prélèvements, à titre temporaire, sur l'approvisionnement de l'Etat. Le général commandant le corps d'armée en rend compte au Ministre.

Les prélèvements d'effets de grand équipement sur la réserve de guerre, pour les périodes d'instruction, doivent être restreints au strict minimum et n'avoir lieu qu'exceptionnellement.

Les effets prélevés et qui sont devenus hors d'état de faire un service de guerre ne sont pas réintégrés à la réserve; ils sont versés à l'approvisionnement du corps en échange d'un même nombre d'effets similaires neufs ou au moins très bons.

Les effets ainsi prélevés sur la réserve de guerre sont inscrits sur un carnet auxiliaire (modèle n° 3). Aussitôt après l'arrivée au corps des effets dont l'absence avait motivé l'opération, la réserve reçoit de l'approvisionnement du corps un nombre d'effets similaires neufs, égal à celui des effets qui lui ont été empruntés. Par suite, les effets prélevés ne sont pas déduits des demandes qui les comprenaient comme dans le cas précédent.

§ 6. — *Réception des matières, effets et objets provenant des magasins administratifs.*

Les effets de la première portion, les matières et objets expédiés par les magasins administratifs ayant déjà été reçus définitivement, les corps ne doivent pas procéder à une nouvelle réception, mais ils peuvent présenter des observations sur leur qualité, leur confection ou leurs dimensions dans un bulletin modèle n° 7.

Les réceptions ont lieu au titre du service courant.

Si, à l'arrivée, le corps croit reconnaître des avaries ou des déficits, il est procédé conformément au traité sur les transports généraux de la guerre et au règlement sur la comptabilité des matières appartenant au département de la guerre. Le corps demeure responsable des avaries ou des déficits qu'il n'aurait pas fait constater à l'arrivée par le sous-intendant militaire.

Dans le cas prévu ci-dessus d'observations critiques faites par le corps à l'arrivée des effets, le bulletin (mod. n° 7) est établi, suivant les distinctions ci-dessous, en double ou triple expédition.

Il indique les propositions du corps et l'évaluation de la dépense nécessaire pour la réparation des effets et objets. Le sous-intendant militaire chargé de la surveillance administrative du corps, après examen attentif des effets, mentionne son opinion sur le bulletin, et le transmet au directeur de l'intendance.

Ce haut fonctionnaire statue, toutes les fois que les réparations ou retouches peuvent être effectuées dans la limite d'une dépense moyenne de cinquante centimes par effet critiqué.

La dépense est au compte du service de l'habillement.

Dans ce cas, deux expéditions du bulletin (mod. nº 7) suffisent : l'une est renvoyée au corps de troupe, l'autre est adressée au directeur de l'intendance de la région où est situé l'atelier d'où viennent les effets critiqués.

Si la dépense dépasse le chiffre indiqué plus haut, le bulletin est produit en trois expéditions.

Le directeur de l'intendance en transmet une à son collègue de la région où se trouve l'atelier qui a confectionné les effets, et adresse les deux autres au Ministre.

Le Ministre statue et fait parvenir une de ces deux expéditions au corps de troupe par la voie hiérarchique.

§ 7. — *Réception des matières, effets et objets provenant d'autres corps de troupe et versés au magasin commun.*

En cas de versement de ce genre, le corps réceptionnaire qui a des critiques à formuler prévient le sous-intendant militaire chargé de sa surveillance administrative; celui-ci désigne pour représenter le corps expéditeur, un officier étranger au corps réceptionnaire, constate par procès-verbal l'état du matériel critiqué, fait telles propositions que de droit, évalue les dépenses de mise en état et détermine les responsabilités, s'il y a lieu. Les faits ainsi constatés, les corps sont invités à s'entendre à l'amiable. A défaut de cette entente, le procès-verbal est transmis en deux expéditions au directeur de l'intendance, qui y appose son avis et l'adresse au Ministre, qui statue.

§ 8. — *Réception des effets confectionnés par les soins du corps.*

Ces effets sont reçus conformément aux règles tracées plus loin pour les effets de la deuxième portion.

Pour les confections de chaussures, notamment, la commission de réception a le droit d'examiner la qualité du cuir avant la mise en œuvre, celle des pièces séparées avant le montage.

§ 9. — *Matériaux d'emballage.*

Les matériaux d'emballage provenant de la démolition des colis sont pris en charge par le corps. Toutefois, les caisses et les toiles dont il n'a pas l'emploi sont réexpédiées au magasin administratif d'où elles viennent, sauf ordres spéciaux contraires.

Les caisses doivent être en bon état ; elles sont expédiées, *montées, et le couvercle recloué,* par exception aux dispositions de l'instruction pour l'exécution du traité des transports de la guerre.

Les matériaux d'emballage qui ne pourraient être ni expédiés, ni utilisés, sont versés aux domaines, après autorisation du sous-intendant militaire.

§ 10. — *Confection dans les corps.*

Les matières, les accessoires et les galons nécessaires aux effets d'habillement et de coiffure, qui doivent être confectionnés dans les ateliers des corps, sont remis par le magasin commun, conformément aux prescriptions en vigueur.

Il est interdit d'en employer d'autres.

Les chaussures destinées aux hommes ayant une conformation exceptionnelle des pieds, les bottines de tambour-major, les chaussures des enfants de troupe ne pouvant être prélevées sur les approvisionnements des corps, et celles des pointures non comprises entre 26 et 33 centimètres, sont confectionnées par l'atelier régimentaire.

Toutes les matières nécessaires sont fournies par le premier ouvrier.

Pour la confection et le marquage des effets, le premier ouvrier se conforme aux types et aux descriptions ainsi qu'aux prescriptions contenues dans les notices annexées aux cahiers des charges en vigueur qui regissent les marchés passés par l'administration avec les entrepreneurs civils.

§ 11. — *Demandes d'effets afférentes à la réserve de guerre.*

Lorsque, pour une raison quelconque, les approvisionnements de l'Etat sont descendus au-dessous des fixations ministérielles, des demandes spéciales afférentes à la réserve de guerre sont immédiatement établies par le corps dans la forme des demandes trimestrielles.

Ces demandes indiquent, dans la colonne d'observations, les motifs des manquants qu'il s'agit de combler.

Elles sont adressées par la voie hiérarchique administrative au Ministre, qui y fait donner suite, soit à l'aide d'excédents existant dans d'autres corps, soit à l'aide des ressources des magasins administratifs, soit par des commandes spéciales.

Dans ce dernier cas, les effets sont expédiés directement au corps par le magasin central, sans passer par le magasin régional.

§ 12. — *Magasins administratifs chargés d'alimenter les corps.*

Le magasin administratif de chaque région de corps d'armée est chargé, pour les corps de troupe de cette région, d'assurer la livraison des matières, effets et accessoires entrant dans la première portion de l'approvisionnement et des effets et objets du tableau n° 1, d'après les principes ci-dessous :

Le soin d'assurer l'approvisionnement d'un corps appartient toujours au magasin de la région dans laquelle est stationné le dépôt du corps.

Les fractions détachées se mobilisant ou ne se mobilisant pas sur place, qu'elles soient ou non stationnées dans la même région de corps d'armée que leur dépôt, sont toujours alimentées par leur dépôt; cette règle ne comporte pas d'exception. S'il existe dans les approvisionnements de la région où se trouve stationnée la fraction détachée des effets plus anciens que ceux reçus de sa portion centrale par cette fraction détachée, cette dernière concourt par voie d'échanges au renouvellement desdits approvisionnements.

Le directeur de l'intendance de ce corps d'armée prescrit les mesures nécessaires pour assurer ces échanges.

Les militaires isolés ou groupés par petits détachements, qu'ils s'administrent ou non isolément, sont pourvus des effets de taille normale par les corps auxquels ils appartiennent et des effets de taille exceptionnelle par les soins d'un corps désigné par le directeur de l'intendance, parmi ceux de même arme stationnés dans la même localité que le détachement ou l'isolé, ou à proximité.

Dans ce cas, les corps auxquels appartiennent les hommes adressent, aux corps désignés pour les habiller, les accessoires spéciaux nécessaires à ces effets.

Le directeur de l'intendance du 15e corps assure l'approvisionnement des petits dépôts de zouaves et de tirailleurs à l'intérieur, de concert avec son collègue du 19e corps.

Ces petits dépôts se concertent avec leurs portions centrales pour assurer, quand il y a lieu, le renouvellement de leurs approvisionnements.

Composition de la deuxième portion de l'approvisionnement du corps.

Art. 23. L'importance de la deuxième portion de l'approvisionnement du corps doit correspondre aux besoins normaux des compagnies pendant une période de trois à quatre mois.

Elle doit représenter en valeur 8 p. 100 du produit des primes journalières des fonds particuliers calculés d'après les perceptions des quatre plus récents trimestres, tant pour les troupes à pied que pour les troupes à cheval.

Toutefois, pour les corps ayant une ou plusieurs portions détachées, ce quantum peut être porté à 10. p. 100 pour l'ensemble du corps.

Création de la deuxième portion.

Art. 24. (Sans observations.)

Entretien de la deuxième portion.

Art. 25. Les effets de la deuxième portion sont fournis aux corps de troupe soit par voie d'adjudications, soit par voie d'achats directs, dans les conditions énoncées à l'article 26 ci-après.

Toutefois, lorsqu'il est nécessaire de faire mettre en consommation des effets de la deuxième portion existant en excédent des fixations, soit dans les magasins administratifs, soit dans les corps de troupe, il est procédé de la manière suivante, sauf instruction contraire du Ministre.

A. *Effets dont la fourniture a lieu par voie d'adjudications.*

Les effets de cette nature sont déduits du nombre de ceux à mettre en adjudication.

B. *Effets que les corps se procurent directement.*

Le directeur de l'intendance en interdit l'achat. Les corps lui adressent les demandes d'effets de cette nature dont ils ont besoin.

Le directeur de l'intendance prendsles mesures nécessaires pour que ces demandes reçoivent satisfaction. Lorsque les excédents sont épuisés, il autorise la reprise des achats.

Achat et réception des effets de la deuxième portion.

§ 1er. — *Achats.*

Art. 26. A. *Effets dont la fourniture a lieu par voie d'adjudications.*

Les principaux effets de la deuxième portion sont commandés par les corps aux fournisseurs, en vertu d'adjudications auxquelles il est procédé conformément aux instructions du Ministre.

La nature et le nombre d'effets compris dans les adjudications, les conditions générales de fourniture de ces effets ainsi que les procédés de vérification auxquels ils doivent être soumis sont déterminés par le cahier des charges.

B. *Effets que les corps se procurent directement.*

Sauf instruction contraire du Ministre, les corps se procurent directement les effets de la deuxième portion non compris dans les adjudications.

Ils peuvent également se procurer directement les principaux effets de la deuxième portion en excédent des quantités maxima déterminées au cahier des charges, dans le cas où l'adjudicataire refuse de livrer ces effets aux prix et conditions de son marché.

Les conseils d'administration passent, conformément au règlement sur la comptabilité et l'administration des corps de troupe, les marchés pour l'achat des effets visés aux deux alinéas précédents.

Les achats ne doivent comprendre que des effets réglementaires et conformes aux types ministériels. Ils doivent être faits dans la limite des prix fixés par la nomenclature du service de l'habillement ou par des décisions ministérielles spéciales. Les corps ne doivent jamais perdre de vue que ces prix représentent des maxima au-dessous desquels ils pourront généralement traiter, s'ils savent faire un judicieux appel à la concurrence. Lorsqu'ils passent un marché, ils doivent provoquer les offres du plus grand nombre de fournisseurs possible et se faire adresser des échantillons. La délibération qui relate la passation du marché (modèle n° 8) reproduit les offres faites et énonce les motifs pour lesquels tel ou tel fournisseur aura été accepté de préférence à tel autre, qui aurait proposé les effets ou objets à fournir à des prix moins élevés.

Les fractions détachées d'un corps peuvent passer, dans les formes ci-dessus, des marchés pour assurer leurs besoins, mais après entente avec le conseil d'administration central. Quand le conseil central comprend dans ses marchés les effets nécessaires aux besoins de ces fractions détachées, il doit stipuler l'obligation, pour les fournisseurs, d'effectuer leurs livraisons sur les divers points où les détachements se trouvent stationnés.

Les troupes détachées ou stationnées en Afrique peuvent tirer leurs effets de la deuxième portion dont il s'agit, soit de France, soit de la colonie; toutefois, à qualité et à prix égaux, elles doivent donner la préférence aux fabricants de l'Algérie ou de la Tunisie.

§ 2. — *Réception.*

Les effets de la deuxième portion sont reçus par une commission composée d'un chef de bataillon, d'une délégation du conseil d'administration et d'un certain nombre de commandants de compagnie.

La composition de cette commission est la suivante :

1° Lorsque le conseil d'administration du corps comprend *cinq* membres :

Un chef de bataillon, président;
Un capitaine de compagnie, } membre du conseil d'administration;
L'officier d'habillement, }
Deux capitaines de compagnie désignés pour le vote des commandants d'unité.

2° Lorsque le conseil d'un régiment ou d'un bataillon formant corps est réduit à trois membres, la commission de réception est composée de ces trois membres. Le trésorier est remplacé par un officier de compagnie, chaque fois qu'il y en a un de présent dans la garnison.

Il résulte de ces dispositions que la majorité est acquise pour les réceptions aux commandants de compagnie, qui sont le plus directement intéressés à la bonne qualité des effets.

La commission procède aux réceptions en s'inspirant des dispositions énoncées dans les cahiers des charges et dans les instructions ministérielles qui traitent de la vérification des matières, effets et objets et des conditions que ceux-ci doivent remplir (1).

La commission peut s'adjoindre, en cas de livraisons importantes, des personnes idoines dont elle fixe les indemnités pour frais de vacation.

Ces indemnités sont imputables à la masse d'habillement.

Entretien de l'approvisionnement du corps dans les compagnies et sections formant corps.

Art. 27. Dans les compagnies ou sections formant corps, les commandants de ces unités établissent les demandes, adressent les commandes, passent les marchés et reçoivent les effets destinés à entretenir les approvisionnements.

Pour les effets de la deuxième portion, ils procèdent comme il est indiqué aux articles 25 et 26 ci-dessus.

Entretien de l'approvisionnement du corps dans les détachements.

Art. 28. (Sans observations.)

Création et entretien des approvisionnements de compagnie.

Art. 29. (Sans observations.)

Comptabilité extérieure en matières.

Art, 30. (Sans observations.)

Effets remis aux compagnies.

Art. 31. (Supprimé.)

CHAPITRE IV.

DÉCOMPTE DE LA VALEUR DES EFFETS.

Prix à attribuer aux effets.

Art. 32. Dans un but de simplification, la valeur de tous les effets ou objets du service de l'habillement et du campement est décomptee d'après les prix de la nomenclature de ce service dans les comptes de la masse d'habillement, quelle que soit leur provenance.

Pour régulariser dans ces comptes les différences pouvant exister entre les prix de la nomenclature et les prix d'achat dans

(1) Le registre des opérations des commissions de réception dans les corps de troupe est conforme au modèle nº 9 annexé à la présente instruction.

le commerce ou les prix de revient des objets confectionnés dans les corps, ces différences doivent être portées pour ordre en sortie au compte-matières du fonds commun lorsque les prix de la nomenclature sont supérieurs aux prix payés, et en entrée dans le cas contraire.

Ces inscriptions sont faites dans les colonnes qui prennent pour titre « différence entre les prix d'achat ou de revient et les prix de la nomenclature »; elles ne donnent pas lieu à reversement au Trésor ou à remboursement.

En fin de trimestre, la recette nette en deniers procurée au fonds commun, par les distributions aux unités, d'effets ou objets achetés à des prix différant de ceux de la nomenclature, est répartie entre ces unités au prorata de la valeur totale des effets et objets de cette nature qu'elles ont reçus du magasin commun.

TITRE III.

FONCTIONNEMENT DU SERVICE DANS L'ENSEMBLE DU CORPS.

CHAPITRE Ier.

ACTION DES CONSEILS D'ADMINISTRATION, DU CHEF DE CORPS, DES CHEFS DE BATAILLON ET DU MAJOR.

Responsabilité des Conseils d'administration.

Art. 33. Les conseils d'administration passent, conformément au règlement sur l'administration et la comptabilité des corps de troupe, des marchés pour la confection des effets exécutés dans les ateliers des corps.

Pour l'achat des effets destinés à entretenir la 2e portion de l'approvisionnement, ils se conforment aux articles 25 et 26 ci-dessus.

D'autre part, les conseils d'administration centraux ou éventuels peuvent passer des marchés pour l'ensemble du corps. (Art 47.)

Ils profitent de cette faculté toutes les fois qu'il peut en résulter une économie pour l'ensemble du corps et pour les compagnies.

Ces marchés ne doivent avoir pour objet que des fournitures nécessaires à l'entretien des approvisionnements ou à la réparation des effets.

Les conseils d'administration ont aussi qualité pour déterminer la nature des dépenses que les commandants de compagnie peuvent engager.

Tout en laissant à ces derniers une latitude aussi grande que possible, il convient cependant que les conseils puissent, dans certains cas, interdire des dépenses dont l'utilité ne serait pas bien justifiée.

C'est également en vue de limiter les dépenses que les conseils ont le droit de fixer les prix maxima auxquels les commandants de compagnie peuvent traiter.

Attributions et responsabilité du chef de corps.

Art. 34. Outre les attributions qui lui sont conférées comme président du conseil d'administration, le chef de corps a une action personnelle sur l'ensemble et les détails du service de l'habillement.

Il veille avec soin, tout en maintenant l'unité de direction dans son régiment, à ce que rien ne vienne, sans nécessité pour le bien du service général, entraver l'exercice de l'autorité que le nouveau règlement accorde aux commandants de compagnie.

Par l'intermédiaire des chefs de bataillon et du major, il est constamment renseigné sur le fonctionnement du service de l'habillement dans les compagnies.

Fixation du nombre d'effets à entretenir.

Art. 35. La fixation du nombre d'effets à entretenir dans les compagnies est l'une des principales obligations du chef de corps.

Elle lui permet de donner une impulsion au service, d'assurer l'emploi des ressources en vue de la constitution des approvisionnements les plus utiles, de rendre uniforme la composition des collections dans les compagnies, etc.

Cette fixation est préparée d'après les instructions ministérielles, en tenant compte des existants, de la bonne tenue de la troupe, des crédits et des dépenses des compagnies.

Les chefs de bataillon et le major soumettent, à ce sujet, des propositions au chef de corps.

En principe, les fixations sont arrêtées annuellement, mais elles peuvent être modifiées, au cours de l'année pour tenir compte des variations survenues dans l'effectif. Ces fixations sont portées à la connaissance des commandants de compagnie par la voie de l'ordre.

Action des chefs de bataillon.

Art. 36. Les chefs de bataillon exercent, dans les compagnies placées sous leurs ordres, une surveillance sur l'exécution des mesures ordonnées par le chef de corps.

Ils lui rendent compte des dispositions prises par les commandants de compagnie pour l'habillement de la troupe, la constitution et l'entretien des approvisionnements, l'arrimage des effets dans les magasins, l'emploi du personnel d'exécution, l'utilisation des effets hors de service pour les réparations, etc.

En rendant compte au chef de corps, ils lui soumettent des

propositions pour améliorer l'exécution de ces différentes parties du service.

En fin de trimestre, et toutes les fois que le chef de corps l'ordonne, ils procèdent au recensement des approvisionnements, tant en magasin qu'en service, et comparent les existants constatés avec les écritures qu'ils doivent avoir préalablement vérifiées à l'aide des bons et des reçus que possède le commandant de la compagnie.

Ils inscrivent enfin, sur la page du registre des entrées et des sorties à ce destiné, le résultat sommaire de leurs recensements, c'est-à-dire, soit la concordance, soit les excédents, soit les déficits qu'ils ont constatés; ils font suivre cette inscription de leur visa daté.

Action du major.

Art. 37. Le major vérifie la comptabilité du service de l'habillement; il a pour mission spéciale de rapprocher les écritures des unités administratives de celles du trésorier et de l'officier d'habillement. Il soumet aux délibérations du conseil d'administration les différentes mesures destinées à assurer l'exécution de l'ensemble du service de l'habillement, savoir:

Répartition entre les compagnies des secours à prélever sur le fonds commun, ainsi que de la recette nette procurée à ce fonds par les distributions aux unités d'effets ou objets achetés à des prix différant de ceux de la nomenclature, composition détaillée de chacune des deux portions de l'approvisionnement du corps; demande d'effets, marchés d'achat ou de confections pour l'entretien de cet approvisionnement, fixation de la nature des dépenses que les commandants de compagnie peuvent engager et des prix maxima auxquels ceux-ci peuvent traiter, marchés pour l'ensemble du corps destinés à fournir certaines matières, objets, etc., nécessaires au fonctionnement du service dans les compagnies; organisation des ateliers du corps, emploi de la main-d'œuvre civile, etc.

En outre, le major soumet au chef de corps les mesures générales qui lui semble devoir être prises en vue d'améliorer le service; il prépare notamment les projets de fixation du nombre des effets à entretenir dans les compagnies.

Dans les corps divisés, les attributions du major sont exercées par le capitaine qui en remplit les fonctions.

Usage des approvisionnements de compagnie dans les corps divisés.

Art. 38. Selon les circonstances et les conditions dans lesquelles se trouvent placées les unités détachées, le chef de corps prend ou provoque les mesures qui lui paraissent les plus convenables pour l'exécution du service.

Il se préoccupe notamment des moyens à l'aide desquels les

effets qui seraient laissés dans les magasins de compagnie pourront être utilisés en cas de mobilisation.

Si cela est nécessaire, il provoque du commandement des ordres pour assurer l'expédition de ces effets, soit sur les dépôts, soit sur les points où doivent venir s'habiller les hommes appelés.

Au besoin, même en temps de paix, le chef de corps demande qu'une partie des approvisionnements de compagnie soit emmagasinée au dépôt. Dans ce cas, chacun de ces approvisionnements doit être arrimé distinctement.

Le règlement donne au chef de corps les moyens de faire préparer, dans chaque unité, des ressources en rapport avec les besoins.

En prescrivant des versements d'effets de compagnie à compagnie, il lui est possible de doter des effets nécessaires les unités qui reçoivent des hommes appelés pour une période d'instruction.

Ces versements, temporaires ou définitifs, se font moyennant une compensation en nature ou en deniers qu'il est d'autant plus facile d'évaluer que le décret fixe nettement la valeur de tous les effets suivant leur classement.

Lorsque les mouvements résultent d'ordres émanant de l'autorité supérieure, par exemple pour assurer la constitution d'approvisionnements destinés aux hommes de la réserve ou de l'armée territoriale, en cas de changement de garnison, etc., les frais de transport sont à la charge de l'Etat.

Ils le sont également lorsque les effets sont envoyés par le magasin du corps aux compagnies ou réciproquement.

Dans tout autre cas, les frais dont il s'agit sont supportés par le fonds commun.

CHAPITRE II.

PERSONNEL D'EXÉCUTION.

Personnel permanent d'exécution du service de l'habillement.

Art. 39. Le personnel désigné au cinquième alinéa du décret comprend : le caporal ou brigadier adjoint au sous-officier garde-magasin et les hommes employés en permanence à la manutention et à l'entretien des effets.

Personnel auxiliaire.

Art. 40. Les commandants d'unité, en ce qui concerne leurs approvisionnements, et l'officier d'habillement, en ce qui concerne les approvisionnements de l'Etat et du corps, soumettent au chef de corps des propositions par la voie hiérarchique au sujet du personnel auxiliaire à employer.

Le chef de corps règle ensuite pour le service de l'habillement, comme il le fait pour tous les autres services, l'emploi de ce personnel.

Emploi de la main-d'œuvre civile.

Art. 41. Les corps sont autorisés à employer la main-d'œuvre civile, toutes les fois que cela est nécessaire ou avantageux pour assurer l'exécution des confections, retouches, réparations, etc.

A cet effet, ils peuvent traiter directement avec des entrepreneurs civils ou autoriser leurs premiers ouvriers à employer des ouvriers civils pour l'exécution des travaux qui leur sont confiés.

Il est formellement interdit aux maîtres-ouvriers de sous-traiter avec des entrepreneurs.

Les travaux confiés à la main-d'œuvre civile peuvent être exécutés soit en ville, dans les logements mêmes des ouvriers, soit dans des locaux spécialement loués en dehors des casernes, soit enfin dans les locaux du casernement affectés aux ateliers du corps.

Le chef de corps prend les mesures d'ordre nécessaires pour que cette main-d'œuvre soit utilisée, avec le plus grand profit possible, sans que la discipline ait à en souffrir.

Magasin de compagnie séparé de la compagnie.

Art 42. Les règles posées à l'article 40 sont observées lorsque la compagnie est séparée de son magasin pendant les manœuvres, et pendant tout déplacement de courte durée, suivi de retour à l'ancienne garnison.

Organisation des ateliers.

Art. 43. Le chef de corps et les commandants de compagnie ne perdent pas de vue que la réunion des ouvriers dans un atelier commun présente, le plus souvent, pour l'économie et la bonne exécution du travail, des avantages dont on doit tirer parti.

C'est dans cet atelier commun seulement que peuvent être instruits les apprentis indispensables, dans la plupart des corps, pour compléter le nombre des ouvriers tailleurs de profession.

Il y a donc un sérieux intérêt à ce que l'atelier commun soit toujours organisé de manière qu'on puisse y exécuter les confections d'effets, les retouches les plus importantes, etc.

Ouvriers de compagnie employés aux réparations les moins importantes.

Art. 44. Quelle que soit l'organisation de l'atelier du corps, les ouvriers de compagnie sont laissés, chaque semaine, à la disposition des commandants de compagnie pour l'exécution des retouches et réparations les moins importantes, etc.

L'emploi de leur temps est réglé d'après les dispositions de l'article 40.

Gratifications.

Art. 45. En principe, tout homme étant tenu d'exercer dans

l'intérêt du régiment, la profession qu'il avait avant son entrée au service, une gratification ne lui est pas absolument due. Cependant il peut être avantageux d'en allouer une comme encouragement à la bonne exécution de l'ouvrage.

Le Conseil d'administration détermine le maximum des gratifications en se renfermant dans les fixations ministérielles.

Ces gratifications sont attribuées suivant les ressources de la masse et sans limitation de l'effectif à récompenser.

TITRE IV.

FONCTIONNEMENT DU SERVICE DANS LA COMPAGNIE.

CHAPITRE PREMIER.

RÈGLES GÉNÉRALES.

Attributions et responsabilité du commandant de compagnie.

Art. 46. Le commandant de compagnie administre, de sa propre initiative, les ressources mises à sa disposition, sous la réserve de se conformer aux prescriptions du présent décret, règlements et instructions en vigueur, aux décisions du conseil d'administration et aux ordres du chef de corps.

Tout en gérant le fonds particulier de sa compagnie avec économie, il n'oublie pas qu'au point de vue de la discipline et de la bonne tenue du corps, il est indispensable de pourvoir chaque homme de l'armée active d'une bonne collection d'extérieur, et chaque homme appelé pour accomplir une période d'exercices, d'effets d'instruction convenables et en bon état.

Il doit s'efforcer également de constituer, pour chaque homme de l'effectif de paix, une collection de guerre et de parade composée d'effets neufs ou très bons.

Les prestations attribuées au fonds particulier de la compagnie et les secours alloués par le fonds commun permettent d'arriver à ces résultats et d'améliorer ensuite les différentes collections.

Outre l'achat de tous les effets qui sont fournis par le magasin du corps, le fonds particulier supporte, à l'exception des gratifications allouées aux ouvriers, toutes les dépenses relatives à la conservation, à l'entretien et à la réparation des effets (achat de substances et ustensiles employés pour le nettoyage, le graissage, la désinfection, la préservation de la piqûre des insectes, etc.).

Le chef de corps fait connaître aux commandants de compagnie les procédés généraux de conservation prescrits par les instructions ministérielles ainsi que les procédés locaux, variables avec le climat et l'état du casernement, que l'expérience aura recommandés.

Dans les cas de force majeure, tels qu'ils sont définis par le règlement sur la comptabilité des matières appartenant au département de la guerre, les pertes et dégradations sont à la charge de l'Etat. La compagnie est immédiatement indemnisée par le fonds commun du corps, et le conseil d'administration demande le remboursement par le budget de l'habillement, comme il est dit aux articles 5 et 7.

Le numéraire appartenant au fonds particulier de chaque compagnie reste entre les mains du trésorier, comme y restaient antérieurement les fonds de la masse individuelle et de la masse de petit équipement. Le trésorier paie les menues dépenses des compagnies sur la présentation des mémoires, factures ou quittances visés, pour autorisation de paiement, par le commandant de la compagnie.

Ces pièces doivent être établies de manière à en réduire le nombre le plus possible.

Pour que la multiplicité de ces opérations de détail n'apporte pas d'entraves au service général du trésorier, le chef de corps peut, s'il le juge convenable, fixer les jours et heures auxquels les paiements auront lieu.

Passation des marchés relatifs à l'entretien de l'approvisionnement de la compagnie.

Art. 47. En principe, l'initiative est laissée aux commandants de compagnie pour passer les conventions ou marchés relatifs aux achats de matières premières, pour les réparations, les abonnements, conventions avec les premiers ouvriers ou autres personnes.

Mais, dans l'intérêt général du corps, les conseils d'administration peuvent passer des marchés d'ensemble s'ils le jugent plus avantageux. (Art. 33.)

Les machines à coudre et les outils nécessaires aux ouvriers tailleurs et cordonniers des unités sont toujours achetés par les soins du Conseil d'administration pour être cédés aux unités par le magasin du corps à charge de paiement par les fonds particuliers.

Les effets ne sont pas la propriété des détenteurs.

Art. 48. Le commandant de compagnie fait faire, dans sa compagnie, toutes les distributions et tous les échanges d'effets qu'il juge utiles sans que les détenteurs puissent élever aucune réclamation à ce sujet. Il y a tout avantage à limiter au strict nécessaire ces échanges pour les effets de linge et de chaussure.

Les effets n'ont pas de durée obligatoire.

Art. 49. La latitude laissée au commandant de compagnie dans le choix des effets à percevoir lui permet de faire remplacer, quand il en reconnaît le besoin, les effets usés, même prématurément, et il profite intégralement des économies faites sur les effets dont il prolonge la durée.

Réintégrations au magasin commun interdites.

Art. 50. Les prescriptions du règlement ne sont pas applicables au matériel du tableau nº 1. Par conséquent, les objets compris dans ce tableau sont réintégrés par les compagnies au magasin du corps lorsqu'ils ne leur sont plus utiles ou qu'ils doivent être remplacés.

Pour les autres effets, il est fait exception au principe posé par le règlement (art. 50) dans le cas où les effets hors de service versés par les compagnies en vertu de l'article 66 ci-après ne suffisent pas pour faire face aux besoins à satisfaire.

Des prélèvements peuvent être alors opérés sur la collection des compagnies, sauf remboursement par le fonds commun sur les bases indiquées à l'article 32 du règlement.

Ces prélèvements sont ordonnés :

1º Par le commandant du corps d'armée, pour les besoins des prisons, des établissements pénitentiaires et, éventuellement, d'autres corps de troupe ;

2º Par le chef de corps, pour les besoins de l'infirmerie régimentaire, et, éventuellement, pour ceux de la réserve de guerre (par exemple, pour assurer la couverture des petits bidons en cas d'augmentation d'effectif ou de changement de modèle). La valeur des matières, effets ou objets livrés est remboursée aux corps livranciers :

Sur les fonds du budget de l'habillement :

a) Pour les matières, effets ou objets livrés aux ateliers de travaux publics, pour être distribués aux condamnés rejoignant un corps de troupe à l'expiration de leur peine et pour tous les effets, matières ou objets prélevés pour les besoins de la réserve de guerre.

b) Pour les effets de la première portion, à l'exception des chaussures, livrés aux prisons militaires.

Par la masse de petit équipement : pour les chaussures et les effets de la deuxième portion livrés aux prisons militaires.

Par la masse d'habillement et d'entretien des corps cessionnaires : pour les effets qu'ils ont recus d'autres corps.

Les effets prélevés sont portés en sortie sur les registres des compagnies; décharge en est donnée sur les mêmes registres par l'officier d'habillement.

Celui-ci les porte en entrée puis en sortie dans ses écritures suivant les règles ordinaires.

Echange d'effets.

Art. 51. L'échange des effets entre les compagnies, ou bien

entre les compagnies et le magasin du corps, facilite l'assortiment des pointures. L'usage de cette mesure présente des avantages dont chacun doit tirer parti pour la bonne exécution du service.

Effets de confection ancienne.

Art. 52. Les commandants de compagnie doivent s'efforcer de mettre en service les effets de confection ancienne ou ceux qui bien que de confection moins ancienne, seraient impropres à un service de guerre. Les chefs de bataillon s'assurent que cette prescription est exécutée et tiennent la main à ce que des préoccupations d'économie n'empêchent pas les commandants de compagnie de faire exécuter les retouches nécessaires pour la mise en service des effets.

Dénomination et composition des diverses collections d'effets.

Art. 53. La composition de chacune des collections est arrêtée, pour chaque arme ou subdivision d'arme, en ce qui concerne les principaux effets, par le général commandant le corps d'armée, sur les propositions des chefs de corps, transmises par la voie hiérarchique et appuyées de l'avis des généraux de brigade et de division.

Cette disposition est fixée conformément aux instructions ministérielles qui déterminent la tenue de paix et celle de guerre.

Marquage des effets. — Les effets des différentes collections sont distingués par l'apposition d'un chiffre romain correspondant au numéro de la collection.

Cette marque de collection est placée de telle manière qu'elle ne soit pas apparente lorsque l'effet est sur l'homme.

Outre la marque du numéro de la collection, l'effet reçoit :

1° Le numéro du régiment par les soins de l'officier d'habillement; ce numéro est apposé aussitôt après leur réception sur les effets et objets susceptibles d'être marqués, qui sont achetés directement par le conseil d'administration et qui sont affectés soit à l'approvisionnement de corps, soit à l'approvisionnement de l'Etat;

2° La marque de la compagnie (lettre ou numéro);

3° Et enfin, le numéro matricule de l'homme.

Ces deux dernières marques sont apposées par les soins du commandant de la compagnie. Toutefois, pour les effets de la collection n° 1, la marque de la compagnie et le numéro matricule de l'homme ne sont pas apposés sur l'effet lui-même, mais simplement sur un morceau de toile cousu sur la doublure intérieure de l'effet. Toutes les marques indiquées ci-dessus sont faites à l'encre noire indélébile.

Sur les effets qui ne peuvent être marqués lisiblement à l'encre, on applique les différentes marques par les procédés réglementaires.

Les chefs de corps prescrivent de faire apposer sur les effets de la collection d'instruction un signe apparent, permettant de s'assurer d'un coup d'œil que l'homme est bien dans la tenue prescrite.

Tous les frais de marquage et de pose de signes apparents destinés à distinguer les effets de chaque compagnie et de chaque collection sont à la charge du fonds particulier. Le fonds commun ne supporte que les frais relatifs à l'apposition des marques générales du corps.

Les caisses de tambour et les clairons, en raison de leur nature et de leur durée, ne se prêtant pas facilement à l'apposition du numéro matricule de leurs détenteurs successifs, ne reçoivent que le numéro du régiment, la marque de la compagnie et un numéro de série qui sert à distinguer entre eux les instruments d'une même compagnie.

CHAPITRE II.

CRÉATION ET ENTRETIEN DE L'APPROVISIONNEMENT DE COMPAGNIE.

Art. 54. (Sans observations.)

Bon mensuel des effets de la première et de la deuxième portion.

Art. 55. Le bon mensuel comprend deux parties :

La première fait ressortir le crédit acquis à la compagnie le dernier jour du mois qui précède celui où le bon est établi ;

La seconde contient le détail décompté des effets de toute nature que le commandant de compagnie juge nécessaires pour son unité.

La valeur des effets demandés doit toujours être inférieure à celle du crédit ; le commandant de compagnie est tenu en outre de conserver disponible à son fonds particulier la somme qu'il suppose nécessaire au paiement des dépenses et imputations de toute nature à la charge de ce fonds.

Sur le bon mensuel, la valeur des effets de la première portion est décomptée et totalisée distinctement de celle des effets de la deuxième portion.

Avec les effets de la première portion doivent être décomptés les pattes et écussons en drap lorsqu'il en est demandé au magasin commun.

Lorsqu'un commandant de compagnie juge inutile de demander des effets à la fin d'un mois, il doit néanmoins fournir un bon négatif, dans lequel il se borne à remplir la situation financière de son fonds particulier.

Les demandes pour chacune de ces deux portions doivent être calculées d'après les bases indiquées à l'article 22.

Payement des bons.

Art. 56. Comme il importe d'écouler les effets de modèles anciens, notamment ceux de grand équipement, les commandants de compagnie, lorsqu'ils ont besoin d'effets de cette nature, doivent comprendre sur leurs bons mensuels les effets de modèles anciens, de préférence à ceux de modèles plus récents et quelle que soit la différence de prix entre ces modèles.

Dans ce but, du 20 au 25 de chaque mois, les commandants de compagnie sont informés des ressources existant au magasin commun en effets d'anciens modèles.

L'officier d'habillement vérifie si la prescription indiquée ci-dessus est suivie et au besoin demande aux commandants de compagnie de rectifier leurs bons mensuels. En cas de difficulté, il en réfère au major, qui donne les ordres nécessaires.

Par analogie, la même prescription est applicable aux effets qui, en raison de leurs pointures, ne seraient demandés que très rarement et menaceraient de rester indéfiniment en magasin.

Mais, dans ce cas, les effets en question seront ajustés, préalablement à leur distribution et aux frais du fonds commun, à la taille des hommes que désigneront les commandants de compagnie.

En principe, l'importance en valeur de la demande du bon mensuel doit être inférieure au crédit acquis à la compagnie.

Toutefois, si, pour exécuter un ordre donné, le commandant d'une compagnie a demandé des effets pour une valeur supérieure à son crédit, l'officier d'habillement prend les instructions du major, qui en réfère, s'il y a lieu, au conseil d'administration. Celui-ci peut, s'il le juge nécessaire, accorder un secours à la compagnie.

La quatrième page du bon de compagnie, relative aux pointures, ne porte pas d'indications relatives à la longueur des manches. L'officier d'habillement distribue les effets de chaque variété proportionnellement aux nombres indiqués dans les tableaux de pointures régionaux arrêtés dans chaque corps d'armée. Les compagnies exécutent, à leurs frais, les retouches nécessaires.

L'officier d'habillement ne fait pas appliquer sur les effets la marque du trimestre et de l'année pendant lesquels ils ont été distribués.

Mode d'opérer dans les détachements.

Art. 57. (Sans observations.)

CHAPITRE III.

REMISE ET REPRISE DES EFFETS AUX HOMMES.

Habillement et équipement à l'arrivée au corps.

Art. 58. Les commandants de compagnie doivent s'attacher à écouler le plus rapidement possible les effets de chaussure, de linge et de petit équipement ayant déjà servi qu'ils ont en magasin. Ordinairement, ils pourront distribuer aux hommes de la nouvelle classe appelée tous les effets utilisables repris aux hommes de la dernière classe renvoyée dans ses foyers. Lorsque les hommes de la nouvelle classe ne sont pas habillés et équipés dans la fraction du corps d'où sont partis les hommes de la dernière classe renvoyée, le chef de corps, usant du droit que lui confère l'article 38, prend les mesures nécessaires pour hâter l'écoulement des vieux effets, de la manière la plus avantageuse pour l'ensemble des compagnies.

Immédiatement après avoir été habillés, les jeunes soldats appelés à ne faire qu'un service réduit doivent nettoyer les effets civils qu'ils ont apportés.

Sauf le cas prévu à l'alinéa K de l'article 60 ci-après, ces effets sont déposés dans le magasin de la compagnie après avoir été soigneusement empaquetés et étiquetés.

Ils sont rendus à ces hommes au moment de leur renvoi dans leurs foyers.

En conséquence, les commandants de compagnie conservent dans leurs magasins lesdits effets, en se conformant d'ailleurs aux instructions générales pour la conservation et les mouvements de ces effets.

Des effets d'habillement militaires peuvent être abandonnés à ceux de ces hommes dont les effets civils sont en mauvais état.

Militaires en subsistance.

Art. 59. Le corps ou établissement nourricier est juge de l'opportunité des distributions à faire aux subsistants.

Lorsqu'un militaire est libéré étant en position de subsistance, les effets qu'il ne doit pas emporter dans ses foyers lui sont retirés par le corps ou établissement nourricier, qui les conserve s'ils sont à son uniforme et en rembourse la valeur au corps d'origine.

Dans le cas contraire, ils sont renvoyés à ce dernier corps aux frais de l'Etat ou conservés par le corps nourricier, selon que leur valeur est supérieure ou inférieure aux frais de transport (art. 61 ci-après, *a*).

Lorsqu'en cas de nécessité absolue, un corps sera obligé d'envoyer, pour un militaire en subsistance dans un autre corps, des effets que le corps nourricier n'aura pu se procurer plus économiquement, les frais de transport seront à la charge de l'Etat.

Les sous-officiers remplaçant momentanément des agents de la justice militaire reçoivent, par les soins des corps d'origine, les effets de toute nature qu'il y a lieu de leur délivrer pendant la durée de leurs fonctions.

Ces sous-officiers versent au Trésor la valeur des effets de linge et chaussure.

Le corps poursuit auprès du budget de l'habillement le remboursement de la valeur des effets expédiés.

Effets à emporter par les hommes quittant le corps.

Art. 60. Les tableaux B et B *bis* annexés au règlement indiquent les effets que doivent emporter les hommes quittant le corps.

Militaires changeant de corps sans rejoindre la portion centrale du corps qu'ils quittent.

Les soldats ordonnances du train des équipages changeant de corps sans rejoindre la portion centrale de l'escadron qu'ils quittent, emportent les effets des trois collections dont ils sont détenteurs au moment de leur mutation.

Sur l'ordre du commandement local, la même mesure est appliquée aux militaires isolés qui font mouvement dans les mêmes conditions.

La valeur des effets emportés est remboursée au corps d'origine par celui qui reçoit l'homme dans les conditions indiquées à l'article 61 ci-après.

Effets à laisser aux militaires réformés étant à l'hôpital. — 1° Lorsque, au moment de l'envoi d'un militaire à l'hôpital ou aux eaux thermales, on peut, d'après son état de santé, prévoir qu'il sera réformé, ce militaire emporte seulement les effets qui doivent être abandonnés aux hommes réformés;

2° Dans le cas où la réforme ne peut être prévue au moment de l'envoi à l'hôpital et où, par suite, le militaire aura emporté des effets autres que ceux devant être abandonnés, le corps auquel il appartient, s'il est en garnison dans la ville où est situé l'établissement hospitalier dans lequel la réforme est prononcée, retire les effets dont ce militaire est détenteur, et lui délivre la collection prévue aux tableaux B ou B *bis* précités.

On se conforme, dans ce cas, aux prescriptions de l'avant-dernier paragraphe de l'article 280 du règlement du 25 novembre 1889, sur le service de santé;

3° Si un militaire, dont la réforme ne pouvait être prévue au moment de son départ du régiment, est réformé dans un hôpital situé en dehors du lieu de garnison de son corps d'origine, il est mis en route avec les effets prévus aux tableaux B ou B *bis*, à quelque collection ou classement qu'appartiennent ces effets. Le surplus est renvoyé au corps ou utilisé au mieux des intérêts de l'Etat, d'après les prescriptions de l'article 63 du règlement.

Les effets sont, quelle que soit la destination qu'ils doivent recevoir, désinfectés par les soins de l'hôpital (§ 4 de la notice 7 annexée au décret du 25 novembre 1889 sur le service de santé).

Effets à laisser aux militaires renvoyés dans leurs foyers.

En principe, les effets militaires emportés dans leurs foyers par les hommes non gradés libérés doivent être renvoyés au corps par colis postal.

Cette mesure est applicable :

1° Aux hommes libérés, même isolément, dans une garnison de la France continentale ou de la Corse, et se retirant dans une localité quelconque de la France continentale ou de la Corse;

2° Aux hommes libérés, même isolément, en Algérie ou en Tunisie, et se retirant dans une localité d'Algérie ou de Tunisie desservie par une voie ferrée, ou dans une localité quelconque de la France ou de la Corse, et inversement, aux hommes libérés en France ou en Corse et se retirant dans une localité d'Algérie ou de Tunisie desservie par une voie ferrée.

Elle ne s'applique pas aux hommes libérés en France, en Corse, en Algérie ou en Tunisie, et se retirant, soit dans une localité d'Algérie ou de Tunisie non desservie par une voie ferrée, soit dans les colonies françaises, soit à l'étranger, ni aux hommes libérés dans les colonies françaises, quelle que soit la localité où ils se retirent.

Sont également exclus de la mesure :

a) Les hommes gradés (sous-officiers, caporaux ou brigadiers) qui conservent leurs effets militaires et doivent les représenter aux périodes d'instruction.

b) Les militaires indigènes des régiments de tirailleurs algériens et les militaires français et indigènes des régiments de spahis.

c) Les militaires des régiments étrangers, des bataillons d'infanterie légère d'Afrique et des compagnies de discipline.

A) Les effets à renvoyer par les hommes comprennent les effets d'habillement (capote, veste, tunique, vareuse ou dolman, gilet, jambières et pantalon) et de coiffure (képi, béret ou chéchia), à l'exclusion de tous autres, notamment la chaussure et le petit équipement.

B) Il est remis à chaque homme, suivant le poids des effets à renvoyer (emballage compris), une feuille de colis postal de 3 ou de 5 kilos.

Si le colis doit peser plus de 5 kilos, il est remis à chaque homme, suivant le cas, deux feuilles pour colis de 3 kilos ou une feuille pour colis de 3 kilos et une pour colis de 5 kilos.

C) Pour les hommes qui se retirent dans une localité située à plus de 5 kilomètres d'une gare, on ajoute à la feuille de colis postal la taxe de 0 fr. 25 déterminée pour apport à la gare du colis qui est alors déposé par l'homme au bureau de poste le plus voisin de sa localité; cette taxe de 0 fr. 25 est représentée par une vignette qui est remise à l'homme en même temps que la feuille du colis postal.

Lorsque le bureau de poste recevant les colis postaux est lui-même situé à plus de 5 kilomètres du domicile de l'homme libéré, ce dernier doit déposer le colis postal, à ses risques et périls, soit à la gare même, soit au bureau de poste, si celui-ci est moins éloigné que la gare de son domicile.

Dans ce dernier cas, il est muni de la vignette mentionnée ci-dessus.

Les corps se renseignent dans les gares ou dans les bureaux de correspondance de chemins de fer de leur garnison, sur les conditions dans lesquelles les hommes doivent être pourvus d'une vignette de 0 fr. 25, par application des dispositions qui précèdent.

D) Les feuilles de colis postal et les vignettes sont achetées par les corps sur les fonds particuliers des masses d'habillement; elles reçoivent, avant le départ des hommes, toutes les indications nécessaires.

E) Pour les colis postaux transportés sur le réseau du Médoc, il y a lieu de tenir compte des dispositions du décret du 13 août 1892, qui frappe d'un droit fixe de 0 fr. 25, pour frais de transport à travers la ville de Bordeaux, les colis postaux originaires ou à destination des chemins de fer du Médoc devant transiter ou ayant transité par Bordeaux.

Ce droit est à la charge de l'expéditeur lorsque le colis postal est déposé dans l'une des gares du réseau du Médoc, et à la charge du destinataire lorsqu'il est distribué par l'une de ces gares.

Par suite, les hommes qui doivent remettre le colis postal contenant leurs effets militaires dans une gare appartenant au réseau des chemins de fer du Médoc, reçoivent, avant leur départ de leur corps, une somme de 0 fr. 25 destinée à l'acquittement de cette taxe supplémentaire. Ladite somme est imputée à ladite masse d'habillement (fonds particuliers).

D'autre part, la même taxe est acquittée directement par les corps qui tiennent garnison dans les villes desservies par les chemins de fer du Médoc, lorsqu'ils font retirer les colis postaux à leur adresse. L'imputation en est faite également à la masse d'habillement (fonds particuliers).

F) Les feuilles de colis postal et les vignettes dont il est question au paragraphe D n'existent, ni en Corse, en Algérie et en Tunisie, pour les colis postaux à expédier en France, ni en France pour les colis postaux à expédier en Corse, en Algérie et en Tunisie; on ne trouve dans chacun de ces pays, que des feuilles d'expédition à 0 fr. 10 au moyen desquelles se font tous les envois de colis postaux, le prix du tarif étant acquitté au moment de la remise en gare ou au bureau de poste du colis à expédier.

Dans ces conditions, les hommes libérés en Corse, en Algérie et en Tunisie, et se retirant en France et vice versa, doivent être pourvus de ladite feuille d'expédition à 0 fr. 10 qui doit, au préalable, être remplie par les corps; en outre, ceux-ci remettent aux hommes, avant le départ, une somme égale au prix du tarif à appliquer aux colis qu'ils auront à expédier.

Cette somme, ainsi que la dépense d'achat des feuilles d'expédition, sont imputées à la masse d'habillement des corps intéressés.

G) Chaque homme est muni, pour servir d'enveloppe à ces effets soit d'un étui-musette en cours de durée ou hors de service, soit d'un morceau de toile de dimensions suffisantes provenant d'effets hors de service; cette enveloppe est pourvue par les soins des corps d'une inscription ou d'une étiquette donnant l'adresse du destinataire du colis postal.

A défaut d'étuis-musettes ou de morceaux de toile provenant d'effets hors de service, la toile pour enveloppe est achetée directement par les corps au compte des fonds particuliers de la masse d'habillement. Il en est de même pour les étiquettes, le cas échéant.

H) Les hommes sont prévenus qu'ils s'exposent pour le moins, à des peines disciplinaires, sans préjudice des poursuites dont ils pourraient être l'objet, en vertu du Code de justice militaire, en cas, par exemple, de vente ou de dissipation, s'ils ne renvoient pas leurs effets militaires dans un délai que fixent les chefs de corps.

Il leur est recommandé de conserver avec soin et d'annexer à leur livret le récépissé de remise du colis postal, à la gare ou au bureau de poste le plus rapproché de leur domicile.

Ils doivent coudre ou ficeler convenablement l'enveloppe contenant les effets à expédier.

I) Les corps s'entendent avec les gares desservant les localités où ils sont stationnés pour retirer sans frais par les moyens militaires, les colis postaux à leur adresse contenant les effets renvoyés par les hommes libérés.

J) Les hommes non gradés qui le désirent sont autorisés à partir de leur garnison en effets civils; à ceux qui ne peuvent se procurer des effets sur place, il est accordé, suivant le cas, soit une permission pour aller les chercher, soit une feuille de colis postal accompagnée d'une vignette, s'il y a lieu, pour les faire venir de leur famille. Les dispositions du présent paragraphe ne sont pas applicables aux militaires libérés en Algérie et en Tunisie.

K) Les hommes astreints seulement à un an de service dont les effets doivent, en principe, être conservés dans les magasins des corps pour leur être rendus lors de leur libération, sont autorisés à disposer de ces effets comme ils l'entendent, sous la réserve qu'ils s'engagent à se procurer des effets civils à leurs frais, au moment de leur renvoi dans leurs foyers.

Mutations entraînant passage définitif à un autre corps ou à un établissement.

Art. 61. Les mutations entraînant passage définitif à un autre corps ou à un établissement donnent lieu, selon que le corps d'origine et le corps ou l'établissement réceptionnaire appliquent ou non le présent règlement, aux opérations suivantes :

1° *L'homme est pourvu d'effets d'instruction.*

En principe, les hommes de troupe changeant de corps dans l'armée de terre ou passant de l'armée de terre dans l'armée de mer, les sous-officiers exceptés, n'emportent qu'une tenue d'instruction, telle qu'elle est indiquée au premier cas du tableau B, mais les effets doivent toujours être propres et en bon état.

a) L'homme passe d'un corps à un autre corps appliquant tous deux le présent règlement.

L'opération intéresse uniquement la comptabilité-deniers des deux corps.

Le commandant de la compagnie qui perd l'homme établit et signe deux expéditions de la facture, qui sont visées par le chef de corps. Il est crédité immédiatement par le fonds commun du montant de la facture; les deux expéditions de la facture sont adressées *directement* au corps réceptionnaire par le conseil d'administration et, lorsque le matériel est arrivé à destination, elles sont revêtues de la prise en charge du commandant de la compagnie qui a reçu les effets, puis visées par le chef de corps.

Le montant de la facture est porté en dépense au fonds particulier de la compagnie réceptionnaire.

Une expédition de la facture accompagnée d'un mandat sur le Trésor est retournée au corps expéditeur; elle sert au trésorier à faire la recette au fonds commun.

La deuxième expédition, sur laquelle aura été inscrite la déclaration de versement au Trésor, reste comme pièce de dépense à l'appui du registre-journal du corps réceptionnaire.

Toutefois, si le corps réceptionnaire n'a pas l'emploi des effets apportés, ces effets sont renvoyés au corps d'origine aux frais de l'Etat, à moins que leur valeur ne soit inférieure aux frais de transport.

Dans ce cas, les effets sont conservés par le corps réceptionnaire pour recevoir la destination qui sera indiquée par le directeur de l'intendance.

La valeur des effets conservés dans ces conditions n'est pas remboursée au corps d'origine.

Les dispositions des deux alinéas qui précèdent sont applicables aux effets de minime valeur conservés par les corps ou établissements nourriciers (art. 59 ci-dessus).

Il est procédé d'après les règles qui précèdent pour les militaires passant d'un corps de troupe appliquant le présent règlement, au cadre d'une école militaire (effectif hors cadres) et inversement.

Toutefois, la valeur de la tenue en drap fin des sous-officiers rengagés n'est jamais remboursée au corps ou á l'établissement d'origine.

b) L'homme passe d'un corps ou d'un établissement appliquant le présent règlement à un corps ne l'appliquant pas.

Lorsque l'homme passe à un corps de l'armée de mer ou à un corps de l'armée de terre dont la tenue diffère de celle du corps ou établissement d'origine, le corps réceptionnaire ne peut utiliser les effets d'habillement et de coiffure que l'homme apporte.

En conséquence, ces effets sont renvoyés au corps ou établissement d'origine aux frais de l'Etat. Toutefois, cette expédition n'est faite que si la valeur des effets est supérieure aux dépenses de transport; dans le cas contraire, les effets sont conservés par le corps réceptionnaire, et le corps ou établissement d'origine n'a droit à aucun remboursement (mutation *a*). Quant aux effets de chaussure, de linge et de petit équipement, ils sont toujours abandonnés au corps réceptionnaire, sans qu'il soit tenu d'en rembourser la valeur. Dans ces conditions, l'opération n'intéresse que la comptabilité-matières de la compagnie ou de l'établissement d'origine. Le commandant de cette compagnie ou le conseil d'administration de l'établissement établit une facture de livraison, conformément à ce qui a été prescrit ci-dessus (mutation *a*), mais en simple expédition.

Cette facture est renvoyée directement au corps ou établissement d'origine, revêtue du récépissé du corps réceptionnaire; mais ce corps ne prend pas en charge les effets qu'il conserve.

La facture renvoyée au corps ou établissement d'origine est mise à l'appui du registre des entrées et sorties de l'établissement ou de la compagnie dont l'homme faisait partie.

c) L'homme passe d'un corps n'appliquant pas le présent règlement à un autre corps ou à un établissement qui l'applique.

Si l'homme provient d'un régiment de spahis algériens, du régiment de sapeurs-pompiers ou des corps de la gendarmerie, les effets qu'il apporte restent sa propriété, comme ayant été payés par sa masse individuelle.

Il conserve donc ces effets, et le corps ou l'établissement réceptionnaire n'est tenu à aucun remboursement. En arrivant à son nouveau corps ou établissement, l'homme est pourvu de tous les effets qui lui sont nécessaires; mais il est obligé de faire usage du linge, de la chaussure et du petit équipement qu'il a apportés jusqu'à ce que les effets ne soient plus utilisables.

Le corps d'origine établit, en double expédition, une facture de livraison. Ces deux expéditions sont adressées directement au corps ou établissement réceptionnaire.

Le commandant de la compagnie dans laquelle l'homme est classé ou le conseil d'administration de l'établissement revêt de son récépissé cette facture qui est ensuite visée par le conseil d'administration dans les corps de troupe. L'une des expéditions est renvoyée au corps d'origine qui la met à l'appui de la sortie des effets. La seconde expédition est conservée par le commandant de la compagnie ou le conseil d'administration de l'établissement réceptionnaire, qui la mentionne pour mémoire sur son cahier d'enregistrement. Il n'est pas tenu d'autre écriture des effets apportés.

Observations. — *Destination à donner aux effets non utilisables par les corps ou établissements réceptionnaires et conservés par eux.*

Le directeur de l'intendance indiquera, conformément aux prescriptions en vigueur, la destination à donner à ces effets. Il est entendu que les effets apportés par des hommes provenant de corps où fonctionne encore le régime de la masse individuelle, doivent leur être définitivement abandonnés, ces effets étant la propriété des détenteurs.

2° *L'homme est pourvu d'effets neufs, très bons ou bons.*

d) L'homme passe d'un corps à un autre corps appliquant tous deux le présent règlement.

Lorsque l'homme est exceptionnellement pourvu d'effets neufs, très bons ou bons, et que les deux corps intéressés appliquent le présent règlement, l'opération est réglée conformément aux prescriptions indiquées ci-dessus (mutation *a*).

Dans ce cas, le commandant de la compagnie réceptionnaire conserve le droit de discuter le classement d'après lequel ces effets ont été décomptés. Si sa réclamation est reconnue fondée par le conseil d'administration, le compte de sa compagnie est crédité de la différence entre la somme d'abord imputée et la valeur réelle définitivement reconnue. Il est procédé dans cette circonstance comme il est dit au paragraphe 7 de l'article 22 ci-dessus, mais avec cette différence, qu'au lieu du Ministre, c'est le directeur de l'intendance qui statue.

Les dispositions qui précèdent sont applicables aux militaires passant d'un corps de troupe appliquant le présent règlement, au cadre d'une école militaire (effectif hors cadres) et inversement.

e) L'homme passe d'un corps ou d'un établissement appliquant le présent règlement à un corps ne l'appliquant pas.

En principe, tous les effets que le corps réceptionnaire ne peut utiliser sont renvoyés au corps ou à l'établissement d'origine, et l'opération ne donne lieu à aucune écriture dans la comptabilité-matières des deux corps ou de l'établissement. Les frais de transport sont à la charge de l'Etat. Si, en raison de la distance, ces frais sont supérieurs à la valeur des effets emportés, le corps réceptionnaire conserve provisoirement ces effets et en prévient le corps ou l'établissement d'origine, qui provoque, dans la forme ordinaire, le remboursement de cette valeur par le budget de l'habillement.

Quant aux effets conservés par le corps réceptionnaire, leur valeur est remboursée au corps d'origine ou à l'établissement par un mandat sur le Trésor, qui est adressé directement à ce corps ou établissement; une facture en double expédition est établie par le corps ou établissement d'origine, et chaque expédition reçoit la destination indiquée ci-dessus (mutation *b*). Le corps réceptionnaire prend ensuite les instructions du directeur de l'intendance au sujet de la destination à donner aux effets qu'il ne peut utiliser.

f) L'homme passe d'un corps n'appliquant pas le présent règlement à un autre corps ou à un établissement qui l'applique.

L'opération est réglée, comme il est prescrit ci-dessus (mutation *c*).

3° *Règles applicables aux militaires envoyés à un titre quelconque dans une école militaire.*

Les militaires de tout grade autres que les sous-officiers élèves officiers et les élèves stagiaires d'administration envoyés par les corps appliquant le présent règlement à une école sont considérés comme subsistants et traités comme tels quand ils continuent de compter à l'effectif de leur corps d'origine.

Ces militaires sont pourvus, au départ de leur corps, des effets qui leur sont nécessaires et dont la nomenclature est déterminée par le Ministre.

La portion de prime journalière à percevoir par les corps d'origine est fixée par le tarif n° 3 annexé au règlement sur le service de l'habillement dans les écoles militaires.

Quant à ceux de ces militaires qui sont rayés de l'effectif de leur corps d'origine pour être inscrits à l'effectif « hors cadres », ils sont complètement administrés par l'école où ils sont envoyés et cessent de l'être, par leurs corps d'origine, dès le jour de la radiation des contrôles de ce corps.

Militaires en prévention.

Art. 62. (Sans observations.)

Militaires rayés des contrôles étant en position d'absence.

Art. 63. Le principe posé dans cet article a pour objet de sauvegarder les intérêts des corps, sans mettre à la charge de l'Etat des dépenses de transport supérieures à la valeur des effets dont le militaire absent était détenteur.

En conséquence, les corps qui appliquent le présent règlement doivent réclamer ces effets en se conformant aux règles posées dans l'article 63 du décret.

Militaires changeant de compagnie dans le même corps.

Art. 64. La plus grande latitude est laissée au chef de corps pour fixer le nombre et le classement des effets que doivent emporter les hommes changeant de compagnie dans le corps.

Pour fixer ce nombre et ce classement, le chef de corps tient compte des nécessités de l'ensemble du service et des ressources des compagnies intéressées.

Si les effets emportés appartiennent aux collections nos 1 ou 2, on opère de la manière suivante : ou bien il est fait à l'amiable un échange d'effets, comme il est prévu au 2e § de l'article 51 du décret; ou bien il est établi des factures décomptées, que les commandants de compagnie se transmettent. Le compte de la compagnie est, suivant le cas, crédité ou débité du montant de la facture.

Lorsque les militaires changeant de compagnie emportent des effets d'instruction, il est fait également des échanges à l'amiable, toutes les fois qu'il est possible.

Dans le cas contraire, les compagnies ne sont désintéressées qu'en fin d'année, par le fonds commun.

A cet effet, le conseil d'administration, s'il en reconnait l'utilité, accorde aux compagnies qui lui paraissent avoir été lésées un secours calculé en prenant pour base la valeur des effets d'instruction emportés.

Afin de faciliter cette répartition de secours, les hommes faisant mutation doivent emporter, toutes les fois qu'il est possible, les effets prévus au cas no 1 du tableau B.

Ce dernier mode d'opérer dispense d'établir des factures de livraison, lorsque les compagnies se trouvent dans la même garnison. La sortie et l'entrée correspondante sont, dans ce cas, simplement inscrites sur le registre dont il sera question à l'article 78.

Lorsque les passages s'effectuent entre des compagnies occupant des garnisons différentes et qu'il n'est pas fait d'échanges entre elles, les effets d'instruction emportés sont inscrits sur un bulletin, en deux expéditions destinées, l'une à la compagnie d'origine, l'autre à la compagnie nouvelle.

Engagés conditionnels.

Art. 65. Supprimé.

CHAPITRE IV.

MATÉRIEL HORS DE SERVICE.

Remise au magasin commun des effets hors de service.

Art. 66. La remise au magasin commun des effets des compagnies devenus absolument inutiles, est inscrite en sortie sur le registre dont il sera question à l'article 78. L'officier d'habillement en donne décharge sur ce registre au commandant de la compagnie intéressée.

Cette remise ne donne lieu, pour la compagnie, à aucune autre écriture.

L'officier d'habillement ne porte pas ces effets en entrée sur ses registres. Il n'en est que le dépositaire jusqu'au moment de la remise définitive à l'administration des domaines ou aux autres établissements militaires.

Ces effets doivent être absolument séparés de ceux qui existent dans le magasin commun et, si la disposition des locaux le permet, ils doivent être placés dans une pièce distincte.

Destination à donner aux effets hors de service.

Art. 67. Un état sommaire des effets hors de service réintégrés par les compagnies est dressé trimestriellement par le conseil d'administration; cet état sert à l'officier d'habillement de pièce justificative des dépôts effectués par les compagnies au magasin commun.

Les chiffons provenant d'effets hors de service ne doivent être expédiés aux établissements de l'artillerie que s'ils sont susceptibles d'être employés utilement par ces établissements.

TITRE V.

DISPOSITIONS SPÉCIALES.

CHAPITRE PREMIER.

HOMMES DE LA DISPONIBILITÉ ET DE LA RÉSERVE.

Habillement des hommes appelés pour une période d'instruction.

Art. 68. A l'aide des renseignements qui lui sont fournis par les commandants de recrutement, le chef de corps fait préparer dans les garnisons où sont convoqués les hommes des diverses catégories, les collections d'effets nécessaires pour les habiller et les équiper, en ayant soin d'en majorer le nombre pour tenir compte des différences de tailles imprévues.

Le règlement autorisant les échanges amiables de compagnie à compagnie et le retrait d'effets aux hommes de l'armée active, il est possible d'assortir, en vue des besoins, les pointures des effets d'instruction. En conséquence, il a paru inutile de prescrire des dispositions spéciales pour les hommes appelés, de tailles exceptionnelles.

Les commandants de compagnie peuvent d'ailleurs, si cela est indispensable, faire effectuer des retouches aux frais de leurs fonds particuliers.

Les hommes qui auraient été renvoyés dans leurs foyers avec des effets d'habillement sont tenus de les rapporter en bon état au moment des périodes d'appel. Si ces effets ne sont plus à leur taille, ils en reçoivent d'autres des magasins de la compagnie chargée de les habiller. Lorsque la période est terminée, ils quittent le corps avec ces derniers effets, qu'ils sont obligés de conserver, d'entretenir et de représenter ultérieurement, comme il vient d'être dit.

Certains corps peuvent avoir à habiller des hommes provenant d'autres armes ou subdivisions d'armes.

Dans ce cas, les hommes sont habillés avec des effets à l'uniforme du corps instructeur.

A la fin de la période d'instruction, les hommes sont renvoyés avec les effets qu'ils avaient apportés, à moins que ces effets ne soient plus à leur taille ou qu'ils soient en mauvais état.

Dans l'un ou l'autre de ces deux cas, les hommes sont renvoyés avec des effets à l'uniforme du corps instructeur.

Ce corps prend ensuite les instructions du directeur de l'intendance au sujet de la destination à donner aux effets que les hommes avaient apportés.

Les corps de troupe chargés de fournir des effets de grand équipement au personnel de la télégraphie militaire pendant les manœuvres ou à l'occasion d'essais de mobilisation reçoivent, sur les fonds du budget de la télégraphie militaire (personnel) une indemnité fixée à 0 fr. 03 par jour et par homme équipé.

CHAPITRE II.

HOMMES DE L'ARMÉE TERRITORIALE.

Corps désignés pour habiller les hommes de l'armée territoriale.

Art. 69. Supprimé.

Renseignements sur l'effectif à habiller.

Art. 70. Pour que les corps de l'armée active chargés d'habiller, au moment des périodes d'instruction, les hommes de l'armée territoriale puissent avoir le temps de préparer les effets nécessaires, il est indispensable que l'autorité militaire fasse connaître à ces corps, au moins *un mois* à l'avance, l'effectif des hommes convoqués ainsi que les points de convocation. Les corps ont en effet à prendre des dispositions non seulement pour préparer le matériel nécessaire, mais, dans certains cas, pour l'expédier sur les points de réunion.

Répartition entre les compagnies du corps actif.

Art. 71. Pour répartir les hommes de l'armée territoriale convoqués entre les compagnies de l'armée active, le chef de corps tient compte des ressources et de l'effectif de ces compagnies, et, en outre, des effets que les hommes de l'armée territoriale peuvent avoir reçus, lorsqu'ils ont été renvoyés dans leurs foyers après avoir servi dans l'armée active; effets que ces hommes sont obligés de rapporter lors des périodes d'appel.

Autant que possible, il charge chaque compagnie de l'armée active d'habiller un groupe d'hommes de l'armée territoriale, composé de compagnies entières ou de fractions constituées de compagnies.

Prélèvement des effets nécessaires.

Art. 72. Comme l'autorise l'article 72 du décret, le commandant de compagnie peut retirer à des hommes de l'armée active des effets dont ils sont détenteurs, pour les affecter au service des territoriaux et les remettre ensuite en service dans sa compagnie après les réparations et nettoyages nécessaires.

Remise des effets aux commandants de compagnie de l'armée territoriale.

Art. 73. Les commandants des compagnies de l'armée territoriale prennent en charge les effets qui leur sont remis pour habiller leurs hommes.

Lorsque le contingent de l'armée territoriale amène au corps un certain nombre d'hommes de tailles exceptionnelles, le chef de corps, de même que dans le cas prévu à l'article 38 du décret, prend les dispositions nécessaires pour faire habiller ces hommes le plus rapidement possible, c'est-à-dire fait reverser des effets par certaines compagnies à d'autres, moyennant une compensation en valeur, s'il y a lieu.

Il fait également échanger les effets qu'apportent les hommes de l'armée territoriale dont les pointures ne seraient plus assorties à la taille de ces hommes, par analogie avec ce qui est prescrit pour les réservistes à l'article 68 ci-dessus.

Payement des indemnités en argent.

Art. 74. Supprimé.

Reprise des effets à la fin de la période d'instruction.

Art. 75. Les commandants des compagnies de l'armée territoriale sont astreints à faire eux-mêmes la remise des effets qui leur ont été délivrés. L'exécution de cette prescription est rigoureusement obligatoire et les chefs de corps de l'armée active, ainsi que ceux de l'armée territoriale, doivent y tenir la main.

Les primes sont acquises à la compagnie qui a fourni les effets.

Art. 76. La perception des primes journalières a lieu sur l'état collectif du corps actif, au moyen d'un relevé des journées de présence des hommes de l'armée territoriale.

TITRE VI.

ÉCRITURES ET COMPTABILITÉ INTÉRIEURES.

CHAPITRE PREMIER.

ÉCRITURES DE L'OFFICIER D'HABILLEMENT.

Registres à tenir.

Art. 77. Supprimé.

CHAPITRE II.

ÉCRITURES ET COMPTES DES COMPAGNIES ET DU TRÉSORIER.

Écritures et comptes des compagnies.

Art. 78. L'article 78 du décret indique les écritures et comptes à tenir dans chaque compagnie.

1° *Bon mensuel.* — Le bon mensuel est établi conformément aux prescriptions de l'article 55.

2° *Livrets matricule et individuel.* — Les effets remis à l'homme sont enregistrés sur son livret individuel, y compris les effets spéciaux de sous-officier rengagé.

Les effets ne sont pas enregistrés sur le livret matricule.

La remise aux hommes est portée en sortie sur le registre dont il est question ci-après. Mais les effets qu'emportent les hommes renvoyés dans leurs foyers sont inscrits sur le livret matricule lorsque ces hommes sont dispensés de les réexpédier au corps d'origine.

3° *Registre de comptabilité.* — Le registre de comptabilité est tenu conformément aux instructions du règlement sur l'administration et la comptabilité des corps de troupe.

4° *Registre des entrées et sorties.* — Pour permettre au commandant de compagnie de pouvoir se rendre compte, à toute époque, de la situation de la répartition des approvisionnements qu'il a pris en charge, il est tenu un registre d'entrées et de sorties, conforme au modèle n° 10 et acheté sur les fonds particuliers des compagnies.

Les observations portées sur ce modèle indiquent comment ce registre est constitué et comment il doit être tenu.

En ce qui concerne les effets entre les mains des hommes, le registre dont il s'agit est un véritable contrôle nominatif. Aussi peut-il remplacer l'enregistrement des effets aux livrets matricules qui n'est plus exigé que pour les effets emportés par les hommes renvoyés dans leurs foyers et dispensés de les réexpédier au corps d'origine.

Dans un but de simplification, il n'est plus tenu écritures, sur le registre des entrées et sorties, des pièces de coiffure, mais il en est fait mention sur le cahier d'enregistrement. Ces pièces figurent en outre sur les factures ou bulletins établis pour le paiement des réparations auxquelles elles ont été employées.

Les écritures auxiliaires, relatives au matériel existant dans les magasins de la compagnie, doivent, autant que possible, se borner à l'inventaire du garde-magasin et à des étiquettes destinées à faciliter les recensements.

5° *Cahier d'enregistrement.* — Le cahier d'enregistrement est tenu conformément aux instructions du règlement sur l'administration et la comptabilité des corps de troupe.

6° *Frais de bureau.* — Les conseils d'administration fixent la somme que les commandants de compagnie sont autorisés à prélever trimestriellement sur leurs fonds particuliers comme supplément de frais de bureau nécessité par le service de l'habillement.

Dans les compagnies et sections formant corps, ces fixations sont arrêtées par le directeur de l'intendance.

Arrêté trimestriel des comptes de la compagnie.

Art. 79. (Sans observations.)

Règlement du compte des prestations.

Art. 80. Pour ne pas multiplier les inscriptions à son registre-journal, le trésorier récapitule en un seul bordereau mensuel tous les paiements qu'il a faits dans un même mois, des dépenses afférentes à un même trimestre, et ne fait qu'une seule inscription par bordereau.

Les règles générales concernant le timbre de quittance des pièces de comptabilité sont applicables à toutes les pièces qui concernent la masse d'habillement.

Les pièces de dépenses relatives tant au fonds commun qu'aux fonds particuliers restent soumises aux formalités exigées par le règlement sur la comptabilité publique. Le major donne toutes les instructions nécessaires et veille à l'exécution de cette prescription.

Compte trimestriel de la masse d'habillement établi par le trésorier.

Art. 81. La distinction entre le fonds commun et les fonds particuliers a pour objet le classement méthodique des dépenses. Ce classement s'obtient en imputant au fonds commun les dépenses générales et aux fonds particuliers les dépenses spéciales à chaque unité administrative.

Dès lors, le compte du fonds commun est, comme les comptes des fonds particuliers, un des éléments du compte trimestriel de la masse d'habillement, laquelle figure dans les écritures de la centralisation sans division entre les recettes ou les dépenses afférentes soit au fonds commun, soit aux fonds particuliers.

L'avoir de la masse d'habillement se compose : 1° du numéraire en caisse, augmenté du moins perçu du trimestre ou diminué du trop perçu ; 2° de la valeur du matériel en compte au magasin commun du corps et dans les unités tant en service qu'en magasin.

Parmi les augmentations et les diminutions de la masse, il y en a qui sont effectives, c'est-à-dire qui influent en plus ou en moins sur son avoir ; telles sont : les primes perçues, les dépenses faites pour l'entretien du magasin, la distribution aux unités d'effets ou objets à la charge du fonds commun, etc.

Il y en a d'autres qui ne sont qu'apparentes, en ce sens qu'elles se compensent les unes par les autres, telles sont :

1° Les versements faits au Trésor pour valeur d'effets reçus par le magasin commun du corps ;

2° Les sorties d'effets livrés à d'autres corps à charge de paiement, etc.

Dans le premier cas, il y a diminution de numéraire et augmentation égale de la valeur du matériel en magasin.

Dans le second cas, le résultat est inverse, mais ni dans l'un ni dans l'autre de ces deux cas, l'avoir de la masse ne se trouve modifié.

Par suite, les opérations à relater dans le compte trimestriel doivent y figurer sous le titre générique :

1re Partie. — *Recettes, dépenses.*

2e Partie. — Article 1er. *Recettes, dépenses.*

2e Partie. — Article 2. *Valeur des entrées, valeur des sorties.*

3e Partie. — *Augmentations, diminutions, compensations totales ou partielles.*

Chaque compte trimestriel fait ressortir l'avoir réel de la masse, deniers et matières, y compris les sommes restant à recevoir, et défalcation faite de celles restant à payer.

Ce résultat est obtenu par l'ouverture, au carnet des fonds divers, d'un chapitre spécial qui, en fin de trimestre et au moyen d'un virement, rembourse à la masse d'habillement le montant des restants à recouvrer et reçoit d'elle le montant des restants à payer.

L'ouverture de ce chapitre, qui a une grande analogie avec le carnet d'échéance tenu dans les maisons de commerce, permet au trésorier de suivre avec la plus grande facilité les recouvrements à faire ou les dettes à payer.

Le compte trimestriel de la masse d'habillement est établi conformément au modèle n° 11 annexé à la présente instruction.

Pour permettre au trésorier d'établir les comptes trimestriels de la masse, l'officier d'habillement lui communique le registre des entrées et des sorties du matériel appartenant au corps et tous les autres documents nécessaires pour le classement régulier des entrées et des sorties.

Le compte trimestriel de la masse d'habillement doit être établi dans un délai aussi rapproché que possible de l'expiration du trimestre qu'il concerne.

Compte annuel de la masse d'habillement.

Art. 81 *bis*. Le compte annuel de la masse d'habillement est établi conformément au modèle n° 12 annexé à la présente instruction.

Il importe, pour apprécier la gestion des corps de troupe, que leurs opérations de chaque année soient résumées dans un compte unique.

Ce compte annuel doit être la récapitulation des comptes trimestriels dans lesquels les recettes et les dépenses, la valeur des entrées et des sorties, les augmentations et diminutions, les compensations totales ou partielles sont classées suivant leur nature.

Comme le compte trimestriel, le compte annuel de la masse d'habillement est établi par l'officier trésorier.

L'officier d'habillement communique à l'officier trésorier tous les documents nécessaires, notamment le registre des entrées et des sorties, ainsi que l'inventaire estimatif du matériel à la charge de la masse d'habillement existant au 31 décembre.

Le compte annuel de la masse d'habillement doit parvenir, au plus tard, le 15 avril de chaque année, à l'administration centrale, où il sera rattaché aux états modèles 24 et 25 dont la production est prescrite par l'instruction pour l'application du règlement sur la comptabilité des matières appartenant au département de la guerre.

TITRE VII.

SURVEILLANCE ADMINISTRATIVE.

Surveillance administrative.

Art. 82. Chaque année, les sous-intendants militaires procèdent, dans le courant des mois d'octobre ou de novembre, au recensement des approvisionnements de réserve qui existent dans les magasins des corps dont ils ont la surveillance administrative. Ils vérifient l'assortiment de chaque approvisionnement (corps actif, corps de réserve, corps territorial et approvisionnements spéciaux); ils s'assurent qu'il est tenu compte de l'ancienneté de confection des effets pour leur mise en service et que tous les effets recensés sont en bon état d'entretien.

Les résultats de cette opération sont constatés dans des procès-verbaux (modèle nº 13) distincts par approvisionnement. Ces procès-verbaux sont adressés, au plus tard dans le courant du mois de décembre, au directeur de l'intendance, qui soumet au Ministre, dans un rapport sommaire d'ensemble, les observations que lui a suggérées l'examen des documents.

Les procès-verbaux sont conservés dans les archives du directeur de l'intendance.

Le recensement dont il est question ici ne dispense pas les sous-intendants militaires des recensements partiels et inopinés portant sur le magasin commun des corps et prévus par le règlement sur la comptabilité des matières appartenant au département de la guerre.

TITRE VIII.

MOBILISATION ET SERVICE EN TEMPS DE GUERRE.

CHAPITRE PREMIER.

MOBILISATION.

Passage du pied de paix au pied de guerre.

Art. 83. Afin de faciliter les opérations au moment de la mobilisation, les magasins de compagnie conservent leur autonomie pendant cette période.

Les commandants de compagnie arrêtent et certifient, dès qu'ils en reçoivent l'ordre, la balance des écritures de leur registre des entrées et sorties.

Ce registre est remis, la veille ou le jour du départ de la compagnie, au chef du bureau spécial de la comptabilité.

La clef du magasin de compagnie est remise au major qui fait surveiller le magasin, manutentionner les effets, etc., par les soins de l'officier d'habillement.

Le commandant du dépôt donne les instructions nécessaires pour l'emploi des effets, suivant les besoins des fractions du dépôt ou suivant les ordres qu'il reçoit de l'autorité supérieure.

Les mouvements ainsi ordonnés sont appuyés de pièces justificatives régulières.

En ce qui concerne les effets existant dans les compagnies séparées du dépôt, des dispositions spéciales sont arrêtées dès le temps de paix, ainsi qu'il est prescrit à l'article 38.

CHAPITRE II.

SERVICE EN TEMPS DE GUERRE.

Fonctionnement du service de l'habillement en temps de guerre.

Art. 84. (Sans observations.)

Paris, le 16 novembre 1887.

Le Ministre de la guerre.
Gal FERRON.

TARIFS

MODÈLES ET ANNEXES

JOINTS A L'INSTRUCTION.

NOTA. — Le papier format tellière est employé pour les modèles sur lesquels le format n'est pas indiqué.

SERVICE DE L'HABILLEMENT.

RÉSERVE DE GUERRE.

APPROVISIONNEMENTS DITS SPÉCIAUX.

TABLEAU N° 4.

Art. 5 de l'Instruction ministérielle du 16 novembre 1887.

TARIF des indemnités annuelles de frais de gestion et de bureau.

DÉSIGNATION DES CORPS.	INDEMNITÉS ALLOUÉES.	OBSERVATIONS.
Collections spéciales pour l'artillerie	60 » (A)	
Bataillons territoriaux du génie	60 » (B)	(A) Cette indemnité est fixée pour un approvisionnement comprenant 1.200 collections. Pour chaque centaine de collections en plus ou en moins, elle est augmentée ou diminuée de 5 francs. (B) Cette indemnité est fixée pour un bataillon à quatre compagnies. Pour chaque compagnie en plus ou en moins, elle est augmentée ou diminuée de 15 francs.
Escadrons de réserve (cavalerie)	15 »	
Quartier général de corps d'armée	15 »	
Gendarmes réservistes et territoriaux réunis	5 »	
Sections de chemins de fer de campagne. — Magasins de Paris	60 »	
Sections de chemins de fer de campagne. — Magasins de Bordeaux et du 4e régiment du génie à Grenoble	30 »	
Sapeurs-pompiers réservistes	30 »	
Compagnie des douaniers de Paris		
Télégraphie militaire et télégraphie de forteresse	50 »	
Sections télégraphiques de 1re et de 2e lignes	5 »	

NOTA. — L'indemnité est due à partir du jour où les approvisionnements entrent en voie de formation (date constatée par le sous-intendant militaire). Elle se décompte par mois de 30 jours ou, selon le cas, par jour. Elle est payée trimestriellement, savoir :

Aux officiers des corps de troupe, sur état émargé, par les soins du corps gestionnaire ;

Aux officiers sans troupe ou employés militaires gestionnaires, sur état décompté, par mandat direct délivré par le fonctionnaire de l'intendance chargé de l'habillement.

Les dépenses pour frais d'entretien sont toujours faites par le gestionnaire des approvisionnements. Si ce gestionnaire est un employé militaire, il reçoit en nature les ingrédients nécessaires, sur sa demande et, sur l'ordre du sous-intendant militaire de la place, par les soins du corps le plus voisin. Ce corps comprend la dépense dans ses comptes et en demande le remboursement par le budget de l'habillement.

Si le gestionnaire est un officier comptable des magasins administratifs, il comprend ces dépenses dans les frais d'exploitation.

° CORPS D'ARMÉE.

PLACE D

° TRIMESTRE 189 .

Désigner le corps.

MODÈLE N° 1.

Art. 11 de l'instruction ministérielle du 16 novembre 1887.

Format : 0m,315 sur 0m,210.

MASSE D'HABILLEMENT.

ÉTAT faisant ressortir les primes fixes acquises au corps pendant le ° trimestre 189 .

<table>
<tr><th colspan="2">DÉSIGNATION des</th><th rowspan="3">NOMS.</th><th rowspan="3">GRADES ou EMPLOIS.</th><th rowspan="3">MUTATIONS justifiant LES DROITS à la perception des primes fixes.</th><th colspan="6">PRIMES FIXES.</th><th rowspan="3">OBSERVATIONS.</th></tr>
<tr><th rowspan="2">Compagnies, escadrons ou batteries.</th><th rowspan="2">Numéros matricules.</th><th colspan="4">NOMBRE DE MILITAIRES ayant eu droit aux primes fixes.</th><th colspan="2" rowspan="2">NOMBRE de sous-officiers nommés élèves-officiers dans les écoles militaires et pour lesquels est due la prime fixe de</th></tr>
<tr><th colspan="2">1° Sous-officiers promus officiers sans avoir suivi les cours d'une école militaire d'élèves-officiers ou nommés à l'un des emplois indiqués au tarif n° 22 du décret du 27 décembre 1890 ; 2° Brigadiers, caporaux et soldats rengagés ou commissionnés nommés à l'un des emplois indiqués au tarif susvisé.</th><th colspan="2">Militaires de tous grades (adjudants chefs armuriers et maîtres selliers exceptés) admis à la retraite ou réformés par congé n° 1.</th></tr>
<tr><th></th><th></th><th></th><th></th><th></th><th>A pied 25 fr.</th><th>A cheval 30 fr.</th><th>A cheval 30 fr.</th><th>A pied 25 fr.</th><th></th><th></th><th></th></tr>
<tr><td></td><td></td><td></td><td></td><td></td><td></td><td></td><td></td><td></td><td></td><td></td><td></td></tr>
<tr><td colspan="5">TOTAUX ....</td><td></td><td></td><td></td><td></td><td></td><td></td><td></td></tr>
</table>

Répartition entre les unités administratives, des primes fixes ressortant sur l'état d'autre part.

DÉSIGNATION des COMPAGNIES, escadrons ou batteries.	NOMBRE DE PRIMES FIXES ACQUISES à chaque unité administrative. A 25 fr.	A 30 fr.	A	A	TOTAL par UNITÉ administrative.	OBSERVATIONS.
TOTAUX.....						

CERTIFIÉ par nous, trésorier du corps, le présent état s'élevant à la somme de

A , le 189 .

VÉRIFIÉ :
Le Major,

VÉRIFIÉ :
Le Sous-Intendant militaire,

e CORPS D'ARMÉE.
—
e BRIGADE.
—
e Trimestre.

SERVICE DE L'HABILLEMENT.

MODÈLE N° 2.
—
Art. 22 de l'Instruction ministérielle du 16 novembre 1887.

e RÉGIMENT.

SERVICE COURANT.

Demande des matières, effets et objets nécessaires au corps pendant le e trimestre 189 .

DÉSIGNATION des MATIÈRES, EFFETS ET OBJETS.	UNITÉ RÉGLEMENTAIRE.	QUANTITÉS demandées	PRIX de L'UNITÉ.	DÉCOMPTE.	OBSERVATIONS
			A REPORTER........		

DÉSIGNATION des MATIÈRES, EFFETS ET OBJETS.	UNITÉ RÉGLEMENTAIRE.	QUANTITÉS demandées	PRIX de L'UNITÉ.	DÉCOMPTE.	OBSERVATIONS
		REPORT............			
		TOTAL.............			

ARRÊTÉ la présente demande à la somme de

A , le 189 .

Les membres du Conseil d'administration,

VU :

A , le 189 .

Le Sous-Intendant militaire,

MODÈLE N° 3.

Art. 22 de l'Instruction ministérielle du 16 novembre 1887.

Désignation du corps de troupe.

CARNET AUXILIAIRE

des prélèvements temporaires sur les approvisionnements du service de réserve, autorisés par le Ministre pour les besoins du service courant.

Le présent carnet, contenant feuillets, a été coté et parafé par nous Sous-Intendant militaire.

A , le 18 .

NOTA. Si les effets demandés au titre du service courant, *matériel au compte de la masse d'habillement*, pour remplacer des effets qui ont été prélevés sur *la réserve de guerre*, ne parviennent pas au corps dans le trimestre pendant lequel le prélèvement a eu lieu, les effets prélevés doivent être portés en sortie au service de réserve et en entrée au service courant, à la date du dernier jour de ce trimestre, afin que les résultats de la balance, à cette date, aux registres des entrées et des sorties de matériel, soient en concordance avec les existants réels en magasin au titre de chaque service.

Dès que les effets demandés dans les conditions précitées sont parvenus au corps et ont été portés en entrée au service courant, d'après les factures du magasin administratif, ils sont portés, à la même date, en sortie en ce service et en entrée au service de réserve.

Ces versements du service de réserve au service courant et *vice versa* sont justifiés par des pièces réglementaires à joindre aux comptes annuels de gestion.

NUMÉROS de la NOMENCLATURE. SOMMAIRE.	DÉTAILLÉE.	DÉSIGNATION DES EFFETS.	PRÉLÈVEMENTS TEM sur le SERVICE DE — DATES des autorisations ministérielles	DATES des prélèvements	PORAIRES RÉSERVE. — QUANTITÉS d'effets prélevés.	RESTITUTIONS au SERVICE DE RÉSERVE. — DATES des restitutions.	QUANTITÉS d'effets restitués.	OBSERVATIONS.
10	6	Capotes d'infanterie....................	25 janv. 85 28 avril.	15 février. 3 mai.	25 40	18 mars. 25 id. 27 juillet.	15 10 40	
21	2	Pantalons d'ordonnance infanterie........	25 janv. 85 15 juin.	15 février. 25 juin.	20 30	20 mars. 31 id.	10 10	
28	1	Vestes d'infanterie....................	28 avril. 15 juin.	3 mai. 25 juin.	27 20	31 juillet.	27	
»	»	....	....	....	....	....	....	
»	»	....	....	....	....	....	....	

* CORPS D'ARMÉE.

—

(1) Désignation du corps de troupe.
(2) Indication de la nature des effets.

MODÈLE N° 4 A.

Article 22
de l'Instruction ministérielle
du 16 novembre 1887.

Capotes.
Manteaux.
Manteaux à capuchon.
Capots.

(1) *État de pointures des* (2) *nécessaires pour assurer les besoins du* e *trimestre* 189 .

SUBDIVISIONS.	TYPES ET QUANTITÉS. — LONGUEUR DU DOS. — Mesures de l'homme à partir de la base du collet jusqu'à terre, déduction faite de 0m,33.								GROSSEUR		LARGEUR de la carrure.	LONGUEUR du collet.	OBSERVATIONS.
	A	B	C	D	E	F	G	H	sous LES BRAS.	à la CEINTURE.	Mesures de l'homme.	Mesures de l'homme.	
	130	126	122	118	114	110	106	102	Mesures de l'homme.				
1	2	3	4	5	6	7	8	9	10	11	12	13	14
1									108	98	44	45	
2									102	90	42	44	
3									96	83	40	42	
4									90	77	38	40	

OBSERVATIONS (14) :

Les dimensions portées dans les colonnes sont celles de l'homme; elles sont exprimées en centimètres.

Les longueurs de manche (mesures prises à l'emmanchure) sont les suivantes :

A...68—64, B...66—62, C...65—61, D...64—60 } à couper par moitié pour chaque type. | E...62—58, F...61—57, G...60—56, H...59—56 } à couper par moitié pour chaque type.

Les effets confectionnés doivent avoir, suivant le type et la subdivision auxquels ils appartiennent, les dimensions suivantes en plus des mesures prises sur l'homme :

	GROSSEUR sous les BRAS.	GROSSEUR à la CEINTURE.	LARGEUR de la carrure.	LONGUEUR du collet.
CAPOTES.				
Infanterie et corps assimilés, génie et train des équipages militaires.	0m26	0m44	0m04	0m06
Artillerie et télégraphie militaire..	0 40	0 70	0 12	0 06
MANTEAUX.				
Cuirassiers et adjudants des troupes à cheval..........	0 66	»	0 30	0 15
Pour les autres armes..........	0 58	»	0 26	0 11
Manteaux à capuchon. | alpins.	La longueur du devant est égale à la longueur du dos diminuée de 10 centim.			0 16
Capotes... { Condamnés (travaux publics et pénitenciers)	La longueur du devant est égale à la longueur du dos diminuée de 10 centim.			0 23

Les longueurs de taille des capotes et manteaux de toutes armes confectionnées doivent être les suivantes :

0m50 pour A et B. | 0m44 pour E et F.
0 47 pour C et D. | 0 41 pour G et H.

Pour marquer les effets (manteau à capuchon excepté), on indiquera sur la doublure la lettre du type correspondant à la longueur du dos, ainsi que le numéro de la subdivision correspondant à la grosseur sous les bras et respectivement, au-dessous les nombres correspondant à cette lettre et à ce numéro, ainsi que la longueur des manches.

Exemple :

Une capote confectionnée pour un homme mesurant............ { 1m14 de longueur du dos. 0 96 de grosseur sous les bras. 0 62 de longueur des manches.

sera marquée comme ci-après :

E—3
114—96—62

Pour marquer le manteau à capuchon, on indiquera sur la pièce de toile la lettre du type correspondant à la longueur du dos, et, au-dessous, le nombre de centimètres exprimant cette longueur.

Exemple :

Un manteau à capuchon mesurant 1m14 de longueur sera marqué :

E
114

Vu :
Le Sous-Intendant militaire,

A , le 189 .
Les Membres du Conseil d'administration,
ou *Le* (désigner le grade), *commandant,*

* CORPS D'ARMÉE.

(1) Désignation du corps de troupe.
(2) Indication de la nature des effets, en y ajoutant la mention *sous-officier* ou *soldat*.

MODÈLE n° 4 B.
Article 22
de l'Instruction ministérielle
du 16 novembre 1887.

Tuniques. Tuniques amples. Dolmans. Vestes. | Vareuses-dolmans. Vareuses. Blouses de travail.

(1)

Etat de pointures des (2) *nécessaires au corps pour assurer les besoins du * trimestre 189 .*

SUBDIVISIONS.	TYPES ET QUANTITÉS. Longueur des tailles. Mesures de l'homme. A	B	C	D	E	GROSSEUR sous les bras. Mesures de l'homme.	GROSSEUR à la ceinture. Mesures de l'homme.	LARGEUR de carrure. Mesures de l'homme.	LONGUEUR du collet. Mesures de l'homme.
	48	46	44	42	40				
1	2	3	4	5	6	7	8	9	10
1						108	98	44	45
2						106	94	44	45
3						102	90	42	44
4						100	86	42	44
5						96	83	40	42
6						94	80	40	42
7						90	77	38	40
8						88	74	36	40

OBSERVATIONS.

Les dimensions portées dans les colonnes sont celles de l'homme : elles sont exprimées en centimètres.

Les longueurs de manche (mesures prises à l'emmanchure) sont les suivantes :

A....68—66
B....65—63
C....62—60 } à couper par moitié pour chaque type.
D....60—58
E....58—56

Les effets confectionnés doivent avoir, suivant le type et la subdivision auxquels ils appartiennent, les dimensions suivantes en plus des mesures prises sur l'homme.

	LONGUEUR des tailles.	GROSSEUR sous les bras.	GROSSEUR à la ceinture.	LARGEUR de carrure.	LONGUEUR du collet.
TUNIQUE.					
Infanterie et corps assimilés, génie, cavaliers de manège	0m01	0m12	0m04	»	0m02
TUNIQUE AMPLE.					
Cuirassiers	0 02	0 16	0 14	»	0 02
DOLMAN.					
Dragons, cavaliers de remonte, Ecole de cavalerie et Ecole militaire préparatoire de cavalerie (cadre), artillerie, train des équipages militaires, télégraphie militaire	0 02	0 16	0 16	»	0 02
Chasseurs et hussards	0 02	0 16	0 14	»	0 02
VESTE D'ORDONNANCE.					
Infanterie et corps assimilés, génie	0 10	0 14	0 12	»	0 02
Cavalerie, Ecole de cavalerie et Ecole militaire préparatoire de cavalerie (cadre), artillerie, train des équipages, télégraphie militaire, cavaliers de manège	0 15	0 14	0 20	»	0 02
VESTE DE TRAVAIL.					
Des sous-officiers d'artillerie et des cavaliers de remonte arçonniers	0 12	0 14	0 14	»	0 02
Des sections de commis et ouvriers militaires d'administration	0 10	0 14	0 14	»	0 02
VAREUSE-DOLMAN.					
Chasseurs alpins	0 30	0 14	0 14	»	0 03
VAREUSE.					
Condamnés	0 35	0 44	0 56	0 20	0 05
BLOUSE DE TRAVAIL.					
Télégraphie militaire	0 30	Les blouses confectionnées devront avoir, pour toutes les tailles, 0m64 de largeur à la carrure, sous les bras et au bas.			0 05

Pour marquer les effets, on indiquera sur la doublure (sur une pièce de toile cousue à la pièce d'épaule pour la blouse des ouvriers de la télégraphie militaire) la lettre du type correspondant à la longueur de la taille de l'homme, ainsi que le numéro de la subdivision correspondant à la grosseur sous les bras et respectivement, au-dessous les nombres correspondant à cette lettre et à ce numéro, ainsi que la longueur des manches.

Exemple :

Une tunique confectionnée pour un homme mesurant........................ { 0m46 de longueur de taille, 1m02 de grosseur sous les bras, 0m65 de longueur de manches,

sera marquée comme ci-après :

B—3
46—102—65.

Vu : *Le Sous-Intendant militaire,*

A , le 189 .

Les Membres du Conseil d'administration,
ou *Le* (désigner le grade) *commandant,*

* CORPS D'ARMÉE.

(1) Désignation du corps de troupe.
(2) Indication de la nature des effets en y ajoutant la mention *sous-officier* ou *soldat*.

(1)

ÉTAT de pointures des (2)
nécessaires au corps pour assurer les besoins du * *trimestre* 189 .

MODÈLE n° 4 C.
—
Article 22
de l'Instruction ministérielle
du 16 novembre 1887.

Pantalons d'ordonnance.
Pantalons de cheval.

TYPES.	SUBDIVISIONS.	LONGUEUR D'ENTRE-JAMBES. — Mesures de l'homme.	GROSSEUR de CEINTURE. — Mesures de l'homme.	INDICATION des tailles des fausses-bottes à adapter aux pantalons.	QUANTITÉS.
1	2	3	4	5	6
A	1		98		
	2	92	92		
	3		86		
	4		80		
B	1		98		
	2	89	92	1re taille.	
	3		86		
	4		80		
C	1		96		
	2	86	90		
	3		84		
	4		78		
D	1		96		
	2	83	90		
	3		84		
	4		78		
E	1		94		
	2	80	88	2e taille.	
	3		82		
	4		76		
F	1		94		
	2	77	88		
	3		82		
	4		76		
G	1		92		
	2	74	86		
	3		80		
	4		74		
H	1		92		
	2	71	86	3e taille.	
	3		80		
	4		74		
I	1		92		
	2	69	86		
	3		80		
	4		74		

OBSERVATIONS. (7)

La longueur du côté est supérieure à celle d'entre-jambes, de :

0m28 pour les types A, B, C.
0 27 pour les types D, E, F.
0 26 pour les types G, H, I.

Les dimensions portées dans les colonnes sont celles de l'homme ; elles sont exprimées en centimètres.

Les pantalons confectionnés doivent avoir, suivant le type auquel ils appartiennent, les dimensions suivantes en plus des mesures prises sur l'homme.

PANTALONS D'ORDONNANCE.

1° 6 centimètres en plus de la grosseur de ceinture portée dans la colonne 4, y compris le soufflet.

2° La longueur d'entre-jambes reste telle que l'indique le chiffre porté dans la colonne 3.

PANTALONS DE CHEVAL.

1° 6 centimètres en plus de la longueur d'entre-jambes portée dans la colonne 3.

2° 6 centimètres en plus de la grosseur de ceinture portée dans la colonne 4, y compris le soufflet.

Pour marquer les effets, on indiquera sur la doublure la lettre du type correspondant à la longueur d'entre-jambes ainsi que le numéro de la subdivision correspondant à la grosseur de ceinture et, respectivement au-dessous, les nombres correspondant à cette lettre et à ce numéro.

Exemple :

Un pantalon pour un homme mesurant...... { 0m89 de longueur d'entre-jambes. 0 80 de grosseur de ceinture.

Sera marqué ainsi :

B—4
89—80

VU : *Le Sous-Intendant militaire,*

A , le 189 .

Les Membres du Conseil d'administration, ou
Le (désigner le grade), *commandant,*

* CORPS D'ARMÉE.

(1) { Désignation du corps de troupe.

(2) Indication de la nature des effets, ou y ajoutant la mention *sous-officier* ou *soldat*.

ZOUAVES ET TIRAILLEURS.

MODÈLE N° 4 D.

Article 22 de l'instruction ministérielle du 16 novembre 1887.

{ Pantalons.

(1)

ÉTAT de pointures des (2)

nécessaires au corps pour assurer les besoins du * ***trimestre*** 189 .

TYPES.	SUBDIVISIONS	LONGUEUR de côté. — Mesures de l'homme.	GROSSEUR de ceinture. — Mesures de l'homme.	QUANTITÉS.	OBSERVATIONS.
1	2	3	4	5	6
A	1	120	98		
	2		92		
	3		86		
	4		80		
B	1	117	98		
	2		92		
	3		86		
	4		80		
C	1	114	96		
	2		90		
	3		84		
	4		78		
D	1	110	96		
	2		90		
	3		84		
	4		78		
E	1	107	94		
	2		88		
	3		82		
	4		76		
F	1	104	94		
	2		88		
	3		82		
	4		76		
G	1	100	92		
	2		86		
	3		80		
	4		74		
H	1	97	92		
	2		86		
	3		80		
	4		74		
I	1	95	92		
	2		86		
	3		80		
	4		74		

Les dimensions portées dans les colonnes sont celles de l'homme; elles sont exprimées en centimètres.

La longueur de côté du pantalon, y compris la toile à coulisse, mais non compris la ceinture, est égale à la longueur de côté de l'homme diminuée d'un sixième. Toutefois, si le nombre de centimètres ainsi obtenu n'est pas entier, on prendra, au lieu de ce nombre, le nombre entier immédiatement supérieur. Le tableau ci-dessous indique la correspondance :

LONGUEUR DE CÔTÉ de l'homme.	LONGUEUR DE CÔTÉ de l'effet.	LONGUEUR DE CÔTÉ de l'homme.	LONGUEUR DE CÔTÉ de l'effet.	LONGUEUR DE CÔTÉ de l'homme.	LONGUEUR DE CÔTÉ de l'effet.
120	100	110	91	100	83
117	97	107	89	97	80
114	95	104	86	95	79

La longueur d'entre-jambes se mesure dans la direction de la braguette, du bas de la ceinture à la partie inférieure de l'effet.

Cette longueur est invariablement inférieure de 15 centimètres à la longueur de côté du pantalon, cette dernière longueur étant mesurée comme il est dit plus haut.

La grosseur de ceinture du pantalon est égale à la grosseur de ceinture mesurée par-dessus le pantalon, portée dans la colonne 4.

Pour marquer les pantalons, on indiquera sur la doublure la lettre du type correspondant à la longueur de côté, ainsi que le numéro de la subdivision correspondant à la grosseur de ceinture et, respectivement au-dessous, les nombres correspondant à cette lettre et à ce numéro.

Exemple :

Un pantalon confectionné pour un homme mesurant { 1m,17 de longueur de côté, 0m,80 de grosseur de ceinture, sera marqué comme ci-après :

B—4
117—80

Vu :
Le Sous-Intendant militaire,

A , le 189 .
Les Membres du Conseil d'administration,
ou *Le* (désigner le grade) *commandant,*

* CORPS D'ARMÉE.

(1) { Désignation du corps de troupe.
(2) Indication de la nature des effets, en y ajoutant la mention *sous-officier* ou *soldat*.

ZOUAVES ET TIRAILLEURS

MODÈLE N° 4 E.
Article 22
de l'Instruction ministérielle du 16 novembre 1887.

{ Vestes.

(1)

ÉTAT de pointures des (2) nécessaires au corps pour assurer les besoins du e trimestre 189 .

SUBDIVISIONS.	TYPES ET QUANTITÉS — Longueur des tailles. — Mesures de l'homme. A 48	B 46	C 44	D 42	E 40	GROSSEUR sous LES BRAS. Mesures de l'homme.	GROSSEUR à la CEINTURE. Mesures de l'homme.	LARGEUR de CARRURE.	LONGUEUR D'ENCOLURE.	OBSERVATIONS.
1	2	3	4	5	6	7	8	9	10	11
1						108	98	44	41	
2						106	94	44	41	
3						102	90	42	40	
4						100	86	42	40	
5						96	83	40	38	
6						94	80	40	38	
7						90	77	38	36	
8						88	74	36	34	

Les dimensions portées dans les colonnes sont celles de l'homme; elles sont exprimées en centimètres.

Les longueurs des manches (mesures prises à l'emmanchure) sont les suivantes :

A..68—66 }
B..65—63 }
C..63—60 } A couper par moitié pour chaque type.
D..60—58 }
E..58—56 }

Les vestes confectionnées doivent avoir, suivant le type et la subdivision auxquels elles appartiennent, les dimensions suivantes en plus des mesures prises sur l'homme.

LONGUEUR des TAILLES.	GROSSEUR sous LES BRAS.	GROSSEUR à la CEINTURE.	GROSSEUR du cou DE L'HOMME.
0m03	0m10	0m14	0m09

Pour marquer les vestes, on indiquera sur la doublure la lettre du type correspondant à la longueur de la taille de l'homme, ainsi que le numéro de la subdivision correspondant à la grosseur sous les bras et, respectivement au-dessous, les nombres correspondant à cette lettre et à ce numéro, ainsi que la longueur des manches.

Exemple :

Une veste confectionnée pour un homme mesurant : { 0m46 de longueur de taille. 1 02 de grosseur sous les bras. 0 65 de longueur de manches.

sera marquée comme ci-contre : B -3 / 46—102—65

Vu :
Le Sous-Intendant militaire,

A , le 189 .
Les Membres du conseil d'administration,
ou *Le* (désigner le grade) *commandant,*

° CORPS D'ARMÉE.

(1) Désignation du corps de troupe.
(2) Indication de la nature des effets.

Zouaves et tirailleurs.

(1)

ÉTAT de pointures des (2) *nécessaires au corps pour assurer les besoins du* ° *trimestre* 189 .

MODÈLE N° 4 F.

Art. 22 de l'Instruction ministérielle du 16 novembre 1887.

} Collets à capuchon.

TYPES.	LONGUEUR de dos du collet.	QUANTITÉS à COUPER.	OBSERVATIONS.
A.	83		La longueur du devant est invariablement inférieure de 18 centimètres à la longueur de dos du collet à capuchon. Les marques à apposer sur les collets à capuchon consistent en un petit rectangle dans lequel figure la lettre du type. Exemple : [A]

Vu :
Le Sous-Intendant militaire,

A le 189 .
Les Membres du Conseil d'administration, ou *Le* (désigner le grade) *commandant,*

° CORPS D'ARMÉE.

(1) Désignation du corps de troupe.
(2) Indication de la nature des effets, en y ajoutant la mention : *sous-officier* ou *soldat*.

Zouaves et tirailleurs.

(1)

ÉTAT de pointures des (2) *nécessaires au corps pour assurer les besoins du* ° *trimestre* 189 .

MODÈLE N° 4 G.

Art. 22 de l'Instruction ministérielle du 16 novembre 1887.

} Gilets.

SUBDIVISIONS.	TYPES ET QUANTITÉS — Longueur des tailles. — Mesures de l'homme. A 48	B 46	C 44	D 42	E 40	GROSSEUR sous LES BRAS. Mesures de l'homme.	GROSSEUR à la CEINTURE. Mesures de l'homme.	OBSERVATIONS.
1	2	3	4	5	6	7	8	9
1						108	98	
2						106	94	
3						102	90	
4						100	86	
5						96	83	
6						94	80	
7						90	77	
8						88	74	

Les dimensions portées dans les colonnes sont celles de l'homme ; elles sont exprimées en centimètres.

Les gilets confectionnés doivent avoir :
La même longueur que la longueur de taille de l'homme, $0^{m},04$ en plus de grosseur sous les bras, $0^{m},04$ en plus de grosseur de ceinture.

Pour marquer les gilets, on indiquera sur la doublure la lettre du type correspondant à la longueur de taille de l'homme, ainsi que le numéro de la subdivision correspondant à la grosseur sous les bras, et, respectivement au-dessous, les nombres correspondant à cette lettre et à ce numéro.

Exemple :

Un gilet confectionné pour un homme mesurant............ { $0^{m},46$ de longueur de taille, $1^{m},02$ de grosseur sous les bras

sera marqué comme ci-après :

B—3
46—102

Vu :
Le Sous-Intendant militaire,

A le 189 .
Les Membres du Conseil d'administration,
ou *Le* (désigner le grade) *commandant,*

(1) CORPS D'ARMÉE

MODÈLE N° 4 H.

Article 22 de l'Instruction ministérielle du 16 novembre 1887.

(1) Désignation du corps de troupe.
(2) Indication de la nature des effets en y ajoutant la mention *sous-officier* ou *soldat.*

(1)

État de pointures des (2) *nécessaires au corps pour assurer les besoins du* *° trimestre* 189 . { Képis. Casques. Casquettes. Shakos.

NUMÉROS.	TOUR DE TÊTE.	QUANTITÉS.	TYPES DE VISIÈRES affectés aux pointures.	OBSERVATIONS.
1	0,53			
2	0,54		N° 1	
3	0,55			
4	0,56			
5	0,57			
6	0,58		N° 2	
7	0,59			
8	0,60			
9	0,61			
10	0,62		N° 3	
11	0,63			

A , le 189 .

Les Membres du Conseil d'administration,

Vu : ou

Le Sous-Intendant militaire, *Le* (désigner le grade) *Commandant,*

• CORPS D'ARMÉE.

MODÈLE N° 5.

Article 22
de
l'Instruction ministérielle du 16 novembre 1887.

(1) Désignation du corps de troupe.
(2) Indication de la nature des effets en y ajoutant la mention des variétés, s'il y a lieu (exemple : brodequins sans contreforts).

(1)

Etat de pointures des (2) *nécessaires au corps pour assurer les besoins du* ° *trimestre* 189 .

Bottes.
Bottines.
Brodequins.
Souliers.

NUMÉROS des POINTURES.	SUBDIVISIONS ET QUANTITÉS.					OBSERVATIONS.
	1re GROSSEUR.	2e GROSSEUR.	3e GROSSEUR.	4e GROSSEUR.	TOTAL.	
26						
27						
28						
29						
30						
31						
32						
33						
TOTAUX.						

A , le 189 .

Les Membres du Conseil d'administration,

ou

Le (désigner le grade) *Commandant,*

Vu :

Le Sous-Intendant militaire.

e CORPS D'ARMÉE

MODÈLE N° 6.

Article 22 de l'Instruction ministérielle du 16 novembre 1887.

Désignation du corps de troupe.

EFFETS D'HABILLEMENT

A CONFECTIONNER SUR MESURES

compris sur la demande du

OBSERVATION ESSENTIELLE.

Conformément aux prescriptions ministérielles, c'est le confectionneur qui doit donner aux effets les suppléments déterminés par les tableaux de pointures; par conséquent, les mesures portées sur le présent état, prises comme il est dit ci-contre, doivent représenter bien exactement les dimensions *des hommes* et non celles des effets confectionnés.

NUMÉROS MATRICULES.	NOMS.	GRADES.	DÉSIGNATION DES EFFETS DES HOM-									
			Capotes.	Dolmans.	Manteaux d'adjudants montés.	Collets mobiles de manteaux d'adjudants montés.	Tuniques.	Vestes d'ordonnance.	Vestes de travail.	Pantalons d'ordonnance.	Pantalons de cheval.	Képis.
		Tambour-major.........					1					
		Sergent-major								1		
		Id								1		
		Sergent......	1				»					1
		Sergent-fourrier........	»				1					»
	TOTAL des effets de sous-officiers.		1				1			2		1
		Caporal......	1					1		1		
	TOTAL des effets de caporaux et de soldats................		1					1		1		

NOTA. — Indiquer dans la colonne d'observations, en regard de chaque nom, si dans la coupe, il y a lieu de tenir compte de proéminences ou conformations particulières de certaines parties du corps, que l'on rencontre parfois chez les sous-officiers d'un certain âge et chez les hommes de tailles exceptionnelles, telles que : estomac bombé, dos rond, poitrine rentrée, cou court, bassin très fort (donner les dimensions), etc., etc.

Vu :

Le Sous-Intendant militaire,

GRADES.	-MES.				DIMENSIONS. (mesures réelles de l'homme) POUR LES Capotes, dolmans, manteaux, collets mobiles de manteaux, tuniques et vestes. Longueur				Grosseur			Pantalons. Longueur			Képis.	OBSERVATIONS.
					de dos.	du collet.	des manches.	de taille.	sous les bras.	à la ceinture.	Largeur de carrure.	de côté.	d'entre-jambes.	Grosseur de ceinture.	Grosseur de la tête.	
Tambour-major																
Sergent-major																
Id																
Sergent																
Sergent-fourrier																
TOTAL des effets de sous-officiers.																
Caporal																
TOTAL des effets de caporaux et de soldats																

A , le 18 .

Les Membres du Conseil d'administration,

ou

Le (désigner le grade) *Commandant,*

TABLEAU N° 5.

Article 22
de l'instruction
ministérielle
du 16 novembre 1887.

MANIÈRE DE PRENDRE MESURE (1).

CAPOTE ET MANTEAU.	*Longueur du dos.* — Mesurer l'homme à partir de la base du collet jusqu'à terre (A C, figure n° 1) et déduire 0m,33.........
	Grosseur sous les bras. — Placer le ruban métrique le plus haut possible sous les bras, touchant les aisselles horizontalement, et donner la mesure trouvée (H, figure n° 2)............
	Largeur de carrure. — Mesurer du milieu du dos jusqu'à la couture de la manche (D E, figure n° 1) et doubler la mesure trouvée..
	Longueur du collet. — Cette mesure est prise par-dessus le col ou la cravate, en faisant le tour du cou (G, figure n° 2).....
	Longueur des manches. — Faire placer le bras horizontalement, l'avant-bras plié en équerre, et continuer la mesure de carrure en passant par le coude pour s'arrêter au poignet (E F, figure n° 1)..
TUNIQUE, DOLMAN ET VESTE.	*Longueur de taille.* — Mesurer l'homme à partir de la base du collet jusqu'à la ligne inférieure du ceinturon (A B, figure n° 1).
	Grosseur sous les bras. — Comme ci-dessus (H, figure n° 2)..
	Grosseur à la ceinture. — Mesurer l'homme immédiatement au-dessus des hanches, sur la ceinture du pantalon, et donner la mesure trouvée (I, figure n° 2)........................
	Longueur du collet. — Comme ci-dessus (G, figure n° 2).....
	Longueur des manches. — Comme ci-dessus (E F, figure n° 1).
PANTALON..	*Longueur de côté.* — Prendre mesure depuis le creux de la hanche jusqu'au-dessous du cou-de-pied, à environ 2 centimètres au-dessus de la semelle de la chaussure (J K, figure n° 2)......
	Longueur d'entre-jambes. — Mesurer depuis l'enfourchure jusqu'à la même distance du bas que pour la longueur de côté (L M, figure n° 2)..
	Grosseur de ceinture. — Comme ci-dessus (I, figure n° 2)....
COIFFURE...	*Grosseur de la tête.* — Prendre la circonférence de la tête à sa plus forte grosseur (N, figure n° 2).....................
CHAUSSURE.	*Longueur du pied.* — Se mesure au moyen du compas à coulisse, de la face extérieure du talon à l'extrémité du gros orteil.
	Grosseur des doigts. — Se prend à l'articulation des orteils, au moyen du centimètre à ruban................................
	Grosseur du cou-de-pied. — S'obtient avec le centimètre à ruban à la partie supérieure du pied où commence le plan incliné.

(1) La longueur du dos, la longueur de taille, la largeur de carrure, la longueur des manches doivent être prises l'homme étant vêtu d'une veste ou d'une tunique. — La grosseur sous les bras ne se mesure jamais que par-dessus la chemise.

FIGURE N° 1.

L'homme vêtu de la tunique ou de la veste, avec une courroie ou le ceinturon reposant bien horizontalement sur les hanches.

FIGURE N° 2.

L'homme n'ayant que la chemise, la cravate
et le pantalon.

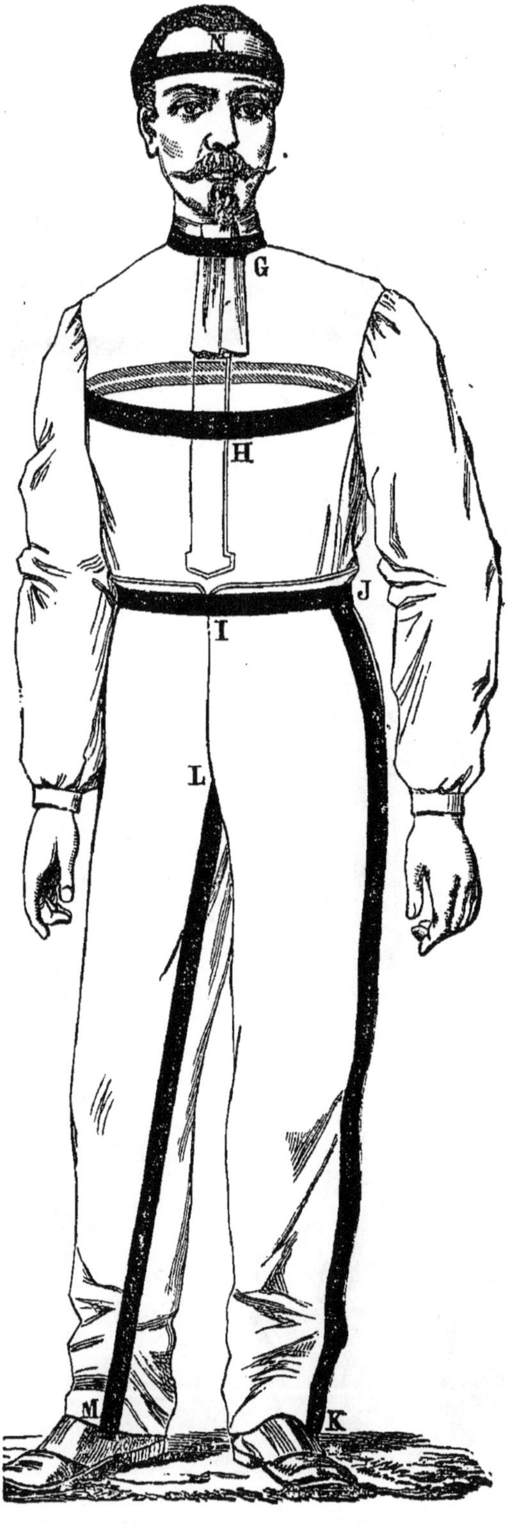

° CORPS D'ARMÉE

PLACE d

MODÈLE N° 7.

Article 22 de l'Instruction ministérielle du 16 novembre 1887.

Désignation du corps de troupe. {

Bulletin constatant la vérification du matériel livré ou expédié le *par le magasin administratif d* *en exécution de l'ordre* (indication de l'autorité et de la date).

DÉSIGNATION DES MATIÈRES effets ou objets.	QUANTITÉS		NOM du FABRICANT ou du confectionneur (A)	ANNÉE et TRIMESTRE de fabrication ou de confection.	ÉPOQUE de L'ADMISSION par la commission de réception. (B)	OBSERVATIONS et PROPOSITIONS du conseil d'administration.	AVIS du sous-intendant militaire.	DÉCISION OU AVIS du directeur de l'intendance du corps d'armée.	DÉCISION du MINISTRE.
	LIVRÉES ou expédiées.	CRITIQUÉES							

(A) Ou magasin de réception, s'il s'agit d'effets confectionnés depuis le 1er janvier 1885.

(B) Et l'indication de cette commission, si elle a procédé à la réception postérieurement au 1er janvier 1885.

A , le 189 .

Les Membres du Conseil d'administration.

ou

Le (désigner le grade) *Commandant*

MODÈLE N° 8.

Art. 26 de l'instruction ministérielle du 16 novembre 1887.

DÉLIBÉRATION

du Conseil d'administration pour la passation de marchés pour la fourniture d'effets de petit équipement.

PASSATION DE MARCHÉS

Informé par le Major de la nécessité de passer des marchés pour l'achat de certains effets de petit équipement, le Conseil, après avoir fait appel à la concurrence des fournisseurs, s'est réuni, sur la convocation du président, pour examiner les échantillons et les prix qui lui sont parvenus.

Le dépouillement des offres des fournisseurs est fait par le président ; le résultat en est reproduit dans le tableau ci-après :

NOMS des FOURNISSEURS.	ADRESSES des FOURNISSEURS.	CHEMISES.	CALEÇONS.	MOUCHOIRS.	PANTALONS de treillis.	SERVIETTES	GANTS.
		fr. c.	fr. c.	fr. c.	fr. c.	fr. c.	fr. c.
A............	....	2 75	1 50	» 40	3 60	» 48	» 60
B............	....	2 60	1 55	» 42	3 55	» 48	» 60
C............	....	2 55	1 60	» 45	3 50	» 50	» 60
D............	....	2 60	1 50	» 45	3 50	» 50	» 60
E............	....	2 60	1 50	» 40	3 60	» 48	» 60
F............	....	2 45	1 45	» 38	3 50	» 45	» 65

Après examen des échantillons et des prix, le Conseil a délibéré et fixé son choix sur les fournisseurs ci-après avec lesquels les marchés sont passés :

1° Avec le sieur A..., pour la fourniture de :

1.000 caleçons à 1 fr. 50................	1.500 00
1.000 mouchoirs à 0 fr. 40................	400 00
1.000 paires de gants à 0 fr. 60...........	600 00
MONTANT DU MARCHÉ......	2.500 00

2° Avec le sieur B..., pour la fourniture de :

1.000 chemises à 2 fr. 60..................	2.600 00
1.000 serviettes à 0 fr. 48................	480 00
1.000 pantalons de treillis à 3 fr. 55........	3.550 00
MONTANT DU MARCHÉ......	6.630 00

Bien que certains prix offerts par la maison B... soient un peu plus élevés que ceux des autres maisons, le Conseil lui a donné la préférence, en raison de la bonne qualité et de la bonne confection des échantillons présentés et de l'entière satisfaction pour des fournitures antérieures.

Le Conseil n'a pas traité avec la maison F..., malgré l'infériorité des prix offerts, des fournitures antérieures faites par cette maison ayant laissé à désirer.

NOTA. — Indiquer ici les motifs, quels qu'ils soient, qui auraient motivé l'acceptation ou l'élimination de la part du Conseil.

FORMAT DU PAPIER :

Hauteur........ 0m 380.
Largeur........ 0m,245.

MODÈLE N° 9.

—

Article 26 de l'instruction ministérielle du 16 novembre 1887.

REGISTRE

DES OPÉRATIONS DES COMMISSIONS DE RÉCEPTION.

La tenue de ce registre est obligatoire dans les corps de troupe et fractions de corps de troupe s'administrant séparément, ainsi que dans les compagnies et sections formant corps.

Chaque séance de la commission de réception, alors même qu'il en serait tenu plusieurs dans une journée, fera l'objet d'un paragraphe distinct sur le registre.

Les résultats de chacune des séances seront arrêtées *ne varietur* à la fin de la séance par l'indication, en lettres, des quantités admises, ajournées ou refusées, et l'arrêté sera signé immédiatement par les membres de la commission (ou l'officier commandant pour les compagnies ou sections formant corps) et par le fournisseur ou son représentant, si celui-ci a assisté à la vérification.

Les fournitures faites par les premiers ouvriers tailleurs ou cordonniers devront figurer au présent registre.

DATES DES SÉANCES NOMS ET GRADES des membres de la commission. (1)	NOMS ET ADRESSES DES FOURNISSEURS et de leurs représentants. (2)	DATES ET NUMÉROS des marchés ou des commandes. (3)	DÉSIGNATION DES MATIÈRES, EFFETS ou objets. (4)	QUANTITÉS PRÉSENTÉES. (5)	QUANTITÉS ADMISES. (6)	QUANTITÉS AJOURNÉES. (7)	QUANTITÉS REFUSÉES. (8)	CAUSE DES AJOURNEMENTS et des rejets. (9)	OBSERVATIONS — (Le cas échéant, noms et adresses des personnes idoines dont la commission a demandé le concours). (10)

Format du papier.......... { Hauteur : 0m,380. Largeur : 0m,245.
Cadre de justification...... { Hauteur : 0m,310. Largeur : 0m,230.

MODÈLE N° 10.

Art. 78 de l'Instruction ministérielle du 16 novembre 1887.

ANNÉE 189 .

° RÉGIMENT D

(1)

REGISTRE DES ENTRÉES ET DES SORTIES

MAGASIN DE (1)

(1) Compagnie, escadron ou batterie.

RÉSULTATS SOMMAIRES DES RECENSEMENTS INOPINÉS (1).

(1) Toutes les fois qu'il est procédé à un recensement inopiné, l'autorité qui a fait ce recensement consigne sur la présente page le résultat de son opération (concordance, excédent ou déficit).
Elle date et signe cette mention.

INSTRUCTION POUR LA TENUE DU PRÉSENT REGISTRE.

Le présent registre est divisé en deux parties qui peuvent être brochées séparément.

La première comprend les matières et les effets existant dans le magasin de l'unité administrative y compris les effets de la collection n° 1 affectés et qui sont déposés au magasin.

La deuxième partie comprend les effets entre les mains des hommes. On y indique en outre, mais seulement pour mémoire, les effets de la collection n° 1 qui leur sont affectés et qui sont déposés au magasin.

PREMIÈRE PARTIE.

Dans la première partie, les effets sont inscrits dans l'en-tête, savoir :

1° Les matières, effets et objets de la 1re portion ;

2° Les matières, effets et objets de la 2e portion.

Dans chacun de ces groupes le matériel est inscrit suivant l'ordre de la nomenclature.

DEUXIÈME PARTIE.

La deuxième partie présente le contrôle de l'unité administrative par grade. La série des effets est inscrite dans l'en-tête, suivant l'ordre indiqué pour la première partie, et, pour chaque effet, une colonne indique s'il est de la 1re, 2e ou 3e collection. Les effets qui figurent dans les collections nos 2 et 3 sont inscrits au livret individuel.

Il n'est établi qu'un seul contrôle nominatif pour toute l'année.

OBSERVATIONS GÉNÉRALES.

Les effets de toute nature dont la valeur est à la charge des fonds particuliers sont la propriété de l'unité qui les a reçus. Ils doivent figurer sur le registre des entrées et des sorties de cette unité.

La réintégration de ceux qui sont en service est faite au magasin de l'unité et est inscrite sur ce registre. Il est fait exception à cette règle pour les effets composant la tenue de ville des sous-officiers rengagés ou commissionnés. Ces effets étant portés définitivement en sortie au moment de leur distribution, leur réintégration n'est inscrite qu'au cahier d'enregistrement journalier.

Les effets à la charge du fonds commun qui sont mis gratuitement à la disposition des unités sont inscrits au registre des entrées et sorties à la suite des précédents et d'une manière distincte.

Quand ils ne sont plus utiles à l'unité qui les a reçus, ils sont réintégrés au magasin commun du corps.

Le registre des entrées et des sorties est renouvelé tous les ans ; il est arrêté tous les trimestres. Pour cette opération, les totaux sont faits à l'encre à la première partie et au crayon à la deuxième partie. Pour obtenir les totaux généraux, les totaux de la deuxième partie sont reportés à l'encre sous ceux de la première, sous la rubrique « en service » ; les effets de la collection n° 2 sont reportés sous le total des effets bons ; ceux de la collection n° 3, sous le total des effets d'instruction. La valeur de l'avoir de la compagnie est décomptée et inscrite en chiffres dans chaque colonne à la fin de chaque trimestre.

La valeur des effets ou objets, quels que soient leur classement ou leur provenance, est décomptée d'après les prix de la nomenclature.

En cas de mobilisation, les totaux seront faits à l'encre pour les deux parties.

Lors de la remise à faire du matériel par suite de changement du commandant de l'unité administrative, ou lorsqu'il s'agira d'une vérification dans le courant du trimestre, les totaux seront faits au crayon aux deux parties.

En cas de cession d'effets d'une compagnie à une autre stationnée dans la même place, le capitaine réceptionnaire donne décharge par une signature apposée dans la colonne d'émargement sur le registre du capitaine livrancier.

En cas de versement d'effets hors de service au magasin commun, la décharge est donnée par l'officier d'habillement.

Les effets des militaires quittant le corps donnent lieu à passage d'écritures à la première partie du présent registre.

Enfin, pour les effets employés aux réparations, le capitaine de la compagnie signe lui-même dans ladite colonne d'émargement pour certifier la sortie.

° TRIMESTRE 189 .

NUMÉROS D'ORDRE.	DATES des ENTRÉES et des SORTIES.	DÉTAIL	CAPOTES.				PANTALONS de SOUS-OFFICIER				PANTALONS DE SOLDAT				TUNIQUES DE SOUS-OFFICIER				TUNIQUES DE SOLDAT			
			N ou T B	B.	I.	H S	N ou T B	B	I	H S	N ou T B	B	I	H S	N ou T B	B	I	H S	N ou T B	B	I	H S
		ENTRÉES.																				
»	1er janvier.	Report des existants en magasin																				
1	1er février.	Du magasin commun du corps																				
2	Id.	Des collections nos 2 et 3 (Décès)																				
3	12 février.	Des collections nos 2 et 3 (militaire libéré)																				
4	Id.	De la collection no 3																				
		TOTAUX des entrées																				
		SORTIES.																				
1	1er février.	Distribué à la compagnie																				
2	Id.	Classé à l'instruction																				
3	12 février.	Abandonné à un militaire libéré																				
4	31 mars...	Employé aux réparations																				
5	Id.	Versé au magasin commun																				
		TOTAUX des sorties																				
		RESTE au 31 mars																				
		En service																				
		TOTAL de l'avoir de la compagnie																				
		DÉCOMPTE en deniers																				

NOTA. — Les effets réintégrés en magasin doivent être portés en entrée à la première partie dans le classement correspondant à la collection à laquelle ils appartiennent ; le déclassement, s'il y a lieu, fait ensuite l'objet de sorties et d'entrées à la première partie.

Quant aux effets qui doivent changer de collection sans cesser d'être affectés aux mêmes détenteurs, cette opération donne lieu à passage d'écritures à la deuxième partie seulement, sauf, bien entendu, en ce qui concerne les effets de la collection numéro 1 qui figurent à la première partie et qui ne sont inscrits que pour mémoire à la deuxième partie.

VESTES.				KÉPIS DE SOUS-OFFICIER.							
				ANCIEN MODÈLE.				NOUVEAU MODÈLE.			
N ou TB	B	I	HS	N ou TB	B	I	HS	N ou TB	B	I	HS

KÉPIS DE SOLDAT.																								DÉCOMPTE.	ÉMARGEMENT
ANCIEN MODÈLE.				NOUVEAU MODÈLE.																					
N ou TB	B	I	HS	N ou TB	B	I	HS	N ou TB	B	I	HS	N ou TB	B	I	HS	N ou TB	B	I	HS						

CERTIFIÉ :

VÉRIFIÉ : A , le 189

Le Chef de *Le Capitaine,*

Répartition des effets composant

les différentes collections.

NUMÉROS MATRICULES.	NOMS.	GRADES.	CAPOTES.			PANTALONS de sous-officier.			PANTALONS de soldat.			TUNIQUES de sous-officier.			TUNIQUES de soldat.			VESTES.			ETC..									OBSERVATIONS — Faire usage comme à la 1re partie, du nombre de papillons nécessaires.
			1.	2.	3.	1.	2.	3.	1.	2.	3.	1.	2.	3.	1.	2.	3.	1.	2.	3.	1.	2.	3.	1.	2.	3.	1.	2.	3.	
4678	*Warcolier* ..	Sergent-major........																												
5256	*Gauthier* ...	Sergent																												
320	*Augustin* ...	Id																												
5048	*Pansard*....	Id																												
4861	*Marchesseau*	Sergent-fourrier																												
4959	*Guérin*	Caporal.																												
5440	*Maillard* ...	Id.																												
5822	*Legravand*..	Id.																												
6021	*Petit*	Id.																												
4915	*Picon*.......	Id.																												
5618	*Gravé*	Id.																												
5068	*Thomas*	Id.																												
4842	*Cholleton*...	Soldat de 1re classe.....																												
4859	*Florentin*. .	Id.																												
5934	*Grémy*......	Id.																												
4978	*Wallée*	Id.																												
	À REPORTER OU TOTAUX..																													

° TRIMESTRE 189 .

° CORPS D'ARMÉE.

PLACE

d

FORMAT DU PAPIER :

Hauteur.............. 0m,315
Largeur.............. 0m,205

° REGIMENT D

MODÈLE N° 11.

Art. 81 de l'Instruction ministérielle du 16 novembre 1887.

CADRE DE JUSTIFICATION :

Hauteur.............. 0m,300
Largeur.............. 0m,190

COMPTE TRIMESTRIEL DE LA MASSE D'HABILLEMENT.

SOMMES ALLOUÉES PAR LA REVUE DE LIQUIDATION.				TARIF.	NOMBRE DE JOURNÉES et de mutations donnant droit aux primes.	MONTANT.	
FONDS PARTICULIERS.	Primes journalières pour sous-officiers et soldats...		à pied.........	0 24	»	»	21.296 24
			à cheval.......	0 31	68.504	21.236 24	
	Portion de la prime journalière perçue pour les militaires en subsistance dans les Ecoles militaires.	à pied....	Ecole supérieure de guerre..	»	»	»	
			Toutes les autres écoles....	»	»	»	
		à cheval..	Ecole supérieure de guerre..	»	»	»	
			Toutes les autres écoles....	»	»	»	
	Supplément aux troupes de toutes armes faisant partie des groupes alpins, ainsi qu'aux régiments régionaux occupant des garnisons alpines..........			»	»	»	
	Primes fixes pour sous-officiers nommés élèves-officiers dans une Ecole militaire..........			»	»	»	
	Primes fixes pour sous-officiers promus, etc........		à pied.........	25 »	»	»	
			à cheval.......	30 »	2	60 »	
FONDS COMMUN.	Primes journalières..........			0 01	68.504	685 04	2.035 04
	Prime mensuelle						
	Allocation fixe..........			450 »	3 mois.	1.350 »	
	Augmentation pour..........			»	»	»	
			TOTAL du crédit..........	....	....	....	23.331 28

Perceptions..........	Mois de..........	8.382 23	23.489 76
	—	6.637 12	
	—	8.470 41	
	(1) Trop perçu du trimestre........		158 48

(1) Trop *ou* moins.

I. — RÉSUMÉ DES COMPTES DES FONDS PARTICULIERS.

Décompte des effets (tant en service qu'en magasin) : au premier jour du trimestre (1)	au dernier jour du trimestre (2)	Résultats du trimestre : Augmentation (3)	Diminution (4)	Désignation des corps (5)	RECETTES. Avoir au premier jour du trimestre (6)	Sommes allouées par la revue de liquidation. Primes journalières aux sous-officiers et soldats : à pied à 0 fr. 01 (7)	à cheval à 0 fr. 04 (8)	Portion de la prime journalière perçue pour les militaires ou volontaires dans les Écoles militaires : à pied, École supérieure de guerre (9)	à pied, Toutes les autres écoles (10)	à cheval, École supérieure de guerre (11)	à cheval, Toutes les autres écoles (12)	Supplém. aux troupes de toutes armes faisant partie des groupes alpins, etc. (13)	Primes fixes pour sous-officiers élèves-officiers dans une école milit. (14)	Primes fixes pour sous-officiers promus, etc. : à pied à 15 francs (15)	à cheval à 30 francs (16)	Remboursement de la valeur des effets cédés : à d'autres unités (17)	à d'autres corps (18)	Remboursement par d'autres corps des dépenses faites pour les subsistants (19)	Rectifications. — Recettes diverses non prévues (20)	Secours du fonds commun (21)	Répartition par le fonds commun (21 bis)	Totaux (22)
[illegible].361 12	8,519 59	»	221 06	Peloton hors rang	210 01	»	375 93	»	»	»	»	»	»	»	»	»	»	»	»	»	17 05	4,012 03
[illegible].388 01	10,254 04	175 30	»	1er escadron....	310 79	»	4,385 76	»	»	»	»	»	»	»	30 00	48 10	38 58	10 00	»	120 00	151 30	5,278 30
[illegible].221 30	9,879 83	»	242 52	2e escadron....	343 18	»	4,310 02	»	»	»	»	»	»	»	»	»	61 40	4 70	»	227 75	133 29	5,647 96
[illegible].031 10	10,835 96	607 84	»	3e escadron....	680 51	»	4,269 27	»	»	»	»	»	»	»	30 00	»	»	»	»	130 00	182 13	5,655 23
[illegible].673 03	11,944 87	262 04	»	4e escadron....	422 18	»	4,436 44	»	»	»	»	»	»	»	»	»		»	»	150 00	124 23	5,260 84
[illegible].459 21	7,306 01	»	161 10	5e escadron....	»	»	1,930 83	»	»	»	»	»	»	»	»	32 10	18 63	3 74	»	»	70 05	2,063 70
						»	21,236 24							»	60 00							
						21,236 24		»	»	»	»	»	»	60 00		80 20	71 71	18 44	»			
[illegible].849 79	[illegible].781 33	305 84	945 30	Totaux....	2,176 90	21,296 24										151 01		18 44		687 75	795 80	30,068 29

Désignation des corps	DÉPENSES. Valeur des effets et matières reçus : du magasin commun (23)	d'autres unités (24)	d'autres corps (25)	Remboursement à d'autres corps des dépenses faites pour les subsistants (26)	Réparations : à l'habillement et à la coiffure (27)	à la chaussure et au grand équipement (28)	à l'armement (29)	Dégradations diverses. — Casernement. — Chambrées (30)	Entretien du magasin. — Frais de bureau. — Menues dépenses (31)	Rectifications. — Dépenses diverses non prévues (32)	Totaux (33)	BALANCE des recettes et des dépenses : Avoir au dernier jour du trimestre (34)	Résultats du trimestre : Augmentation (35)	Diminution (36)	AVOIR TOTAL deniers et matières : au premier jour du trimestre (37)	au dernier jour du trimestre (38)	Résultats du trimestre : Augmentation (39)	Diminution (40)
Peloton hors rang	311 63	»	»	»	13 11	31 40	15 16	11 95	15 25	»	460 51	348 40	383 11	»	5,360 19	5,761 35	1 16	»
1er escadron	3,401 18	38 10	3 60	»	263 26	623 53	178 04	27 90	25 00	»	4,750 90	521 40	426 08	»	10,735 15	11,391 43	634 01	»
2e escadron	3,034 90	»	14 04	3 74	194 15	514 76	417 10	30 15	37 15	»	4,009 70	1,059 20	1,110 82	»	10,764 45	11,538 22	773 77	»
3e escadron	2,538 40	48 40	»	»	301 56	335 19	482 17	30 40	33 11	»	4,029 94	897 28	270 41	»	10,691 97	11,136 22	464 93	»
4e escadron	2,729 20	»	28 95	40 »	165 30	331 »	411 20	31 »	30 25	»	4,679 44	541 40	98 27	»	11,054 21	14,133 47	481 96	»
5e escadron	1,327 96	»	30 65	43 75	81 40	122 74	60 10	22 40	29 90	»	1,732 91	386 83	490 53	»	7,459 11	7,533 86	99 75	»
					505 63	2,527 37	678 86											
	15,465 63	82 50	83 40	87 43	4,025 86			223 90	196 96	»			3,021 23	»			2,472 63	»
Totaux	15,628 53			4,641 13							20,269 05	4,798 45	3,921 93 Augmentation		58,046 7[illegible]	60,519 30	Augmentation 2,472 83	

Diminution 119 15

Valeur des effets reçus 15,066 82

Économie 43,777 29

A déduire : la valeur des effets cédés contre remboursement 181 91

Valeur nette des pertes et consommations du trimestre. 15,585 37

Résumé : pour comparer les dépenses aux allocations.

Colonnes 17, 18 et 21 bis	948 81		»	
Colonne 19 et 20	»	18 44	»	
Colonne 21	»	»	627 75	687 75
Restes	14,680 94	4,622 69	1,293 84	1,845 06
Répartition proportionnelle de l'emploi	98 84 0/0	91 79 0/0	0 56 Économie.	

En divisant ce chiffre par le nombre de journées de présence de sous-officiers et soldats 68,564

On obtient par journée de prime un bénéfice de 0 0269

II. — COMPTE DU FONDS COMMUN.

1° COMPTE-DENIERS, EXTRAIT DU JOURNAL DES RECETTES ET DÉPENSES.

RECETTES.

NUMÉROS d'enregistrement au journal des recettes et dépenses.	NUMÉROS au registre des entrées et des sorties.	DÉTAIL DES OPÉRATIONS.	Avoir au premier jour du trimestre.	REMBOURSEMENT DES EFFETS ET MATIÈRES — distribués aux unités.	employés aux confections.	cédés à d'autres corps.	cédés aux officiers, aux ordinaires, etc.	versés aux magasins de l'État ou à la réserve de guerre.	perçus par suite de force majeure (allocations ministérielles).	Remboursement par d'autres corps ou par les unités des dépenses faites pour les subdivisions.	Remboursement des avances faites par le fonds commun.	SOMMES ALLOUÉES par la revue — Prime journalière.	Prime mensuelle.	Secours du Ministre.		
1	2	3	4	5	6	7	8	9	10	11	12	13	14	15	16	17
»	»	Avoir au premier jour du trimestre	607 22	»	»	»	»	»	»	»	»	»	»	»	»	»
224	»	Allocation pour perte d'effets	»	»	»	»	»	»	221 75	»	»	»	»	»	»	»
227	»	Réparations d'instruments	»	»	»	»	»	»	»	»	»	»	»	»	»	»
229	»	Registre	»	»	»	»	»	»	»	»	»	»	»	»	»	»
232	»	Reçu du 20e escadron du train	»	»	»	»	»	»	»	14 20	»	»	»	»	»	»
237	»	Ingrédients pour marquage	»	»	»	»	»	»	»	»	»	»	»	»	»	»
241	»	Transport d'effets (2e escadron)	»	»	»	»	»	»	»	»	»	»	»	»	»	»
248	»	Au brigadier tailleur (réparations, etc.)	»	»	»	»	»	»	»	»	»	»	»	»	»	»
252	»	Prime du vaguemestre (avril)	»	»	»	»	»	»	»	»	»	»	»	»	»	»
257	»	Valeur des ingrédients cédés au 1er escadron	»	»	»	»	»	»	»	»	41 60	»	»	»	»	»
262	»	Prime du trompette-major (avril)	»	»	»	»	»	»	»	»	»	»	»	»	»	»
267	»	Reçu du 2e régiment de cuirassiers	»	»	»	»	»	»	»	16 00	»	»	»	»	»	»
269	»	Annuaire militaire	»	»	»	»	»	»	»	»	»	»	»	»	»	»
273	»	Manuels de..... (Décisions ministérielles des.....)	»	»	»	»	»	»	»	»	»	»	»	»	»	»
276	»	Reçu du 10e dragons	»	»	»	681 60	»	»	»	»	»	»	»	»	»	»
279	»	Paille pour les prisons	»	»	»	»	»	»	»	»	»	»	»	»	»	»
285	»	Réparations aux bois de propreté	»	»	»	»	»	»	»	»	»	»	»	»	»	»
294	»	Reçu du 14e escadron du train	»	»	»	»	»	»	»	34 75	»	»	»	»	»	»
296	»	Au 12e régiment de cuirassiers	»	»	»	»	»	»	»	»	»	»	»	»	»	»
301	»	Payé au sieur Z	»	»	»	»	»	»	»	»	»	»	»	»	»	»
»	3	Remboursement des effets reçus des magasins de l'État	»	»	»	»	»	»	»	»	»	»	»	»	»	»
309	»	Prime du vaguemestre (mai)	»	»	»	»	»	»	»	»	»	»	»	»	»	»
314	»	Frais de gestion et de bureau	»	»	»	»	»	»	»	»	»	»	»	»	»	»
317	»	Reçu des officiers	»	»	»	»	61 76	»	»	»	»	»	»	»	»	»
321	»	Prime du trompette-major (mai)	»	»	»	»	»	»	»	»	»	»	»	»	»	»
324	»	Au brigadier bottier pour fournitures	»	»	»	»	»	»	»	»	»	»	»	»	»	»
325	»	Ingrédients pour le marquage	»	»	»	»	»	»	»	»	»	»	»	»	»	»
330	»	Aux fonds particuliers	»	»	»	»	»	»	»	»	»	»	»	»	»	»
333	»	Reçu des réservistes de [illegible]. (Différence de prix entre les effets spéciaux de sous-officiers rengagés et les effets de sous-officiers non rengagés)	»	»	»	»	3 37	»	»	»	»	»	»	»	»	»
337	»	A l'École de [illegible]	»	»	»	»	»	»	»	»	»	»	»	»	»	»
339	»	A l'armurier (entretien des casques de réserve)	»	»	»	»	»	»	»	»	»	»	»	»	»	»
341	»	Des fonds particuliers	»	»	»	»	»	»	»	119 26	»	»	»	»	»	»
344	»	Secours du Ministre	»	»	»	»	»	»	»	»	»	»	»	200 00	»	»
345	»	[illegible]	»	»	»	»	»	»	»	»	»	»	»	»	»	»
350	»	Au 9e cuirassiers	»	»	»	»	»	»	»	»	»	»	»	»	»	»
358	»	Au brigadier tailleur (confections)	»	»	»	»	»	»	»	»	»	»	»	»	»	»
»	13	Distributions aux escadrons	»	15,465 13	»	»	»	»	»	»	»	»	»	»	»	»
367	»	Payé au sieur Y	»	»	»	»	»	»	»	»	»	»	»	»	»	»
370	»	A l'École de Saumur	»	»	»	»	»	»	»	»	»	»	»	»	»	»
374	»	Cruches pour salles de discipline	»	»	»	»	»	»	»	»	»	»	»	»	»	»
377	»	Reçu des ordinaires	»	»	»	»	29 30	»	»	»	»	»	»	»	»	»
»	4	Remboursement des effets reçus des magasins de l'État	»	»	»	»	»	»	»	»	»	»	»	»	»	»
387	»	Prime du vaguemestre (juin)	»	»	»	»	»	»	»	»	»	»	»	»	»	»
390	»	Payé au sieur X	»	»	»	»	»	»	»	»	»	»	»	»	»	»
		A reporter	607 22	15,465 13	»	681 60	90 23	»	221 75	163 33	41 60	»	»	200 00	»	»

DÉPENSES.

NUMÉROS d'enregistrement au journal.	DÉTAIL DES OPÉRATIONS.	Débet au premier jour du trimestre.	PAIEMENT DES EFFETS ET MATIÈRES REÇUS — des magasins de l'État ou prélevés sur la réserve de guerre.	des fournisseurs et les chefs ouvriers.	d'autres corps.	Remboursement à d'autres corps ou aux unités des dépenses faites pour ces subdivisions.	Avances faites par le fonds commun.	Répartition entre les unités.	Musique.	Vaguemestre, prime, registres, etc.	Entretien du magasin. — Primes de gestion. — Transformations et réparations des effets en magasin.	Dépenses diverses pour le service général.	Secours aux fonds particuliers.		OBSERVATIONS.
1	3	18	19	20	21	22	23	24	25	26	27	28	29	30	31
»	Avoir au premier jour du trimestre	»	»	»	»	»	»	»	»	»	»	»	»	»	
224	Allocation pour perte d'effets	»	»	»	»	»	»	»	»	»	»	»	»	»	
227	Réparations d'instruments	»	»	»	»	»	»	»	93 16	»	»	»	»	»	
229	Registre	»	»	»	»	»	»	»	»	3 60	»	»	»	»	
232	Reçu du 20e escadron du train	»	»	»	»	»	»	»	»	»	»	»	»	»	
237	Ingrédients pour marquage	»	»	»	»	»	»	»	»	»	77 83	»	»	»	
241	Transport d'effets (2e escadron)	»	»	»	»	»	»	»	»	»	»	15 00	»	»	
248	Au brigadier tailleur (réparations, etc.)	»	»	»	»	»	»	»	»	»	55 35	»	»	»	
252	Prime du vaguemestre (avril)	»	»	»	»	»	»	»	»	7 50	»	»	»	»	
257	Valeur des ingrédients cédés au 1er escadron	»	»	»	»	»	»	»	»	»	»	»	»	»	
262	Prime du trompette-major (avril)	»	»	»	»	»	»	»	30 00	»	»	»	»	»	
267	Reçu du 2e régiment de cuirassiers	»	»	»	»	»	»	»	»	»	»	»	»	»	
269	Annuaire militaire	»	»	»	»	»	»	»	»	»	»	10 35	»	»	
273	Manuels de..... (Décisions ministérielles des.....)	»	»	»	»	»	»	»	»	»	»	19 00	»	»	
276	Reçu du 10e dragons	»	»	»	»	»	»	»	»	»	»	18 00	»	»	
279	Paille pour les prisons	»	»	»	»	»	»	»	»	»	»	5 80	»	»	
285	Réparations aux bois de propreté	»	»	»	»	»	»	»	»	»	»	»	»	»	
294	Reçu du 14e escadron du train	»	»	»	»	»	»	»	»	»	»	»	»	»	
296	Au 12e régiment de cuirassiers	»	»	»	»	20 95	»	»	»	»	»	»	»	»	
301	Payé au sieur Z	»	»	2,370 00	»	»	»	»	»	7 75	»	»	»	»	
»	Remboursement des effets reçus des magasins de l'État	»	»	»	»	»	»	»	»	»	22 50	»	»	»	
309	Prime du vaguemestre (mai)	»	488 50	»	»	»	»	»	»	»	»	»	»	»	
314	Frais de gestion et de bureau	»	»	»	»	»	»	»	30 50	»	»	»	»	»	
317	Reçu des officiers	»	»	»	»	»	»	»	»	»	»	»	»	»	
321	Prime du trompette-major (mai)	»	»	»	»	»	»	»	»	»	88 00	»	»	»	
324	Au brigadier bottier pour fournitures	»	»	1,835 80	»	»	»	»	»	»	»	»	»	»	
325	Ingrédients pour le marquage	»	»	»	»	»	»	»	»	»	»	»	»	»	
330	Aux fonds particuliers	»	»	»	»	30 10	»	»	»	»	»	»	»	»	
333	Reçu des réservistes de [illegible]. (Différence de prix entre les effets spéciaux de sous-officiers rengagés et les effets de sous-officiers non rengagés)	»	»	»	»	»	»	»	»	»	»	»	»	»	
337	A l'École de [illegible]	»	»	»	»	4 15	»	»	»	»	»	»	»	»	
339	A l'armurier (entretien des casques de réserve)	»	»	»	»	»	»	»	»	»	3 15	»	»	»	
341	Des fonds particuliers	»	»	»	»	»	»	»	»	»	»	»	»	»	
344	Secours du Ministre	»	»	»	»	»	»	»	»	»	»	»	»	»	
345	[illegible]	»	»	»	»	»	»	»	»	»	»	7 25	»	»	
350	Au 9e cuirassiers	»	»	»	427 48	»	»	»	»	»	»	»	»	»	
358	Au brigadier tailleur (confections)	»	»	600 40	»	»	»	»	»	»	»	»	»	»	
»	Distributions aux escadrons	»	»	»	»	»	»	»	»	»	»	»	»	»	
367	Payé au sieur Y	»	»	125 60	»	»	»	»	»	»	»	»	»	»	
370	A l'École de Saumur	»	»	»	»	36 50	»	»	»	»	»	»	»	»	
374	Cruches pour salles de discipline	»	»	»	»	»	»	»	»	»	»	6 13	»	»	
377	Reçu des ordinaires	»	»	»	»	»	»	»	»	»	»	»	»	»	
»	Remboursement des effets reçus des magasins de l'État	»	7,809 35	»	»	»	»	»	»	»	»	»	»	»	
387	Prime du vaguemestre (juin)	»	»	»	»	»	»	»	»	7 80	»	»	»	»	
390	Payé au sieur X	»	»	»	»	»	»	»	»	»	»	»	»	»	
	A reporter	»	7,157 78	4,800 40	427 48	183 35	»	»	83 16	55 75	340 19	74 35	»	»	

RECETTES.

NUMÉROS d'enregistrement au journal des recettes et dépenses. (1)	au registre des entrées et des sorties. (2)	DÉTAIL DES OPÉRATIONS. (3)	Avoir au premier jour du trimestre. (4)	REMBOURSEMENT DES EFFETS ET MATIÈRES : distribués aux unités. (5)	employés aux confections. (6)	cédés à d'autres corps. (7)	cédés aux officiers, aux ordinaires, etc. (8)	versés aux magasins de l'État ou à la réserve de guerre. (9)	perdus par cas de force majeure (allocations ministérielles). (10)	Remboursement par d'autres corps ou par les unités des dépenses faites pour les subsistants. (11)	Remboursement des avances faites par le fonds commun. (12)	SOMMES ALLOUÉES PAR LA REVUE : Prime journalière. (13)	Prime mensuelle. (14)	Secours du Ministre. (15)	(16)	(17)
		Report	597 29	15,465 13	»	621 50	90 43	»	227 78	152 39	11 00	»	»	500 00	»	»
395	»	Reçu du 17e dragons	»	»	»	»	»	»	»	83 80	»	»	»	»	»	»
401	»	Prime du trompette-major (juin)	»	»	»	»	»	»	»	»	»	»	»	»	»	»
404	»	Soulte de la valeur des effets reçus des approvisionnements de l'État	»	»	»	»	»	»	»	»	»	»	»	»	»	»
406	»	Reçu des vétérinaires de réserve. (Différence de prix entre les effets spéciaux de sous-officiers rengagés et les effets de sous-officiers non rengagés.)	»	»	»	»	10 17	»	»	»	»	»	»	»	»	»
412	»	Au dépôt de remonte de Saint-Lô	»	»	»	»	»	»	»	»	»	»	»	»	»	»
415	»	A l'armurier (éperonnage de bottines)	»	»	»	»	»	»	»	»	»	»	»	»	»	»
417	»	Dégradations au campement	»	»	»	»	»	»	»	»	»	»	»	»	»	»
»	»	Secours aux fonds particuliers	»	»	»	»	»	»	»	»	»	»	»	»	»	»
»	»	Réparti entre les unités	»	»	»	»	»	»	»	»	»	»	»	»	»	»
»	»	Allocation de la revue	»	»	»	»	»	»	»	»	»	696 01	1,339 03	»	»	»
Virement.	»	Remboursement par le budget de l'habillement	»	»	»	»	»	»	»	»	135 40	»	»	»	»	»
Id.	»	Aux fonds divers (restant dû à l'État)	»	»	»	»	»	»	»	»	»	»	»	»	»	»
Id.	»	Des fonds divers (restant à recevoir de M. B..., sous-lieutenant, pour dégradations au campement)	»	»	»	»	»	»	»	»	15 00	»	»	»	»	»
Id.	»	Subvention à la masse de casernement	»	»	»	»	»	»	»	»	»	»	»	»	»	»
Id.	»	Remboursement par les fonds divers (restant dû par le budget de l'habillement)	»	»	»	»	»	»	»	»	45 46	»	»	»	»	»
Id.	»	Aux fonds divers (restant à payer au sieur T...)	»	»	»	»	»	»	»	»	»	»	»	»	»	»
Id.	»	Reçu de la masse des écoles	»	»	»	»	17 84	»	»	»	»	»	»	»	»	»
Id.	»	Des fonds divers (restant à recevoir du 17e régiment de dragons)	»	»	»	»	»	»	»	10 00	»	»	»	»	»	»
		Totaux		15,465 13	»	621 50	118 44	»	227 78	101 49	307 84	696 01	1,339 03			
		Totaux généraux	597 29	16,841 42								2,035 04		500 00	»	»

Recettes 19,973 75

DÉPENSES.

DÉTAIL DES OPÉRATIONS. (3)	Débet au premier jour du trimestre. (18)	PAIEMENT DES EFFETS ET MATIÈRES REÇUS : des magasins de l'État, ou prélevés sur la réserve de guerre. (19)	des fournisseurs et des chefs-ouvriers. (20)	d'autres corps. (21)	Remboursement à d'autres corps ou aux unités des dépenses faites pour les subsistants. (22)	Avances faites par le fonds commun. (23)	Réparti entre les unités. (24)	Musique. (25)	Vaguemestre, prime, registre, etc. (26)	Entretien du magasin. — Primes de gestion. — Transformations et réparations des effets en magasin. (27)	Dépenses diverses pour le service général. (28)	Secours aux fonds particuliers. (29)	(30)	OBSERVATIONS. (31)
Report	»	7,157 76	4,809 40	476 98	483 35	»	»	82 10	85 75	249 10	141 00	»	»	
Reçu du 17e dragons	»	»	»	»	»	»	»	»	»	»	»	»	»	
Prime du trompette-major (juin)	»	»	»	»	»	»	»	30 00	»	»	»	»	»	
Soulte de la valeur des effets reçus des approvisionnements de l'État	»	184 37	»	»	»	»	»	»	»	»	»	»	»	
Reçu des vétérinaires de réserve	»	»	»	»	»	»	»	»	»	»	»	»	»	
Au dépôt de remonte de Saint-Lô	»	»	»	»	17 78	»	»	»	»	»	»	»	»	
A l'armurier (éperonnage de bottines)	»	»	»	»	»	»	»	»	»	140 00	»	»	»	
Dégradations au campement	»	»	»	»	»	»	»	»	»	»	22 50	»	»	
Secours aux fonds particuliers	»	»	»	»	»	»	»	»	»	»	»	697 75	»	Délibération du conseil d'administration en date du
Réparti entre les unités	»	»	»	»	»	»	706 30	»	»	»	»	»	»	Id. Id. Id.
Allocation de la revue	»	»	»	»	»	»	»	»	»	»	»	»	»	
Remboursement par le budget de l'habillement	»	»	»	»	»	»	»	»	»	»	»	»	»	
Aux fonds divers (restant dû à l'État)	»	3,413 93	»	»	»	»	»	»	»	»	»	»	»	
Des fonds divers (restant à recevoir de M. B...)	»	»	»	»	»	»	»	»	»	»	»	»	»	
Subvention à la masse de casernement	»	»	»	»	»	»	»	»	»	»	213 33	»	»	
Remboursement par les fonds divers	»	»	»	»	»	»	»	»	»	»	»	»	»	
Aux fonds divers (restant à payer au sieur T...)	»	»	1,433 50	»	»	»	»	»	»	»	»	»	»	
Reçu de la masse des écoles	»	»	»	»	»	»	»	»	»	»	»	»	»	
Des fonds divers (restant à recevoir du 17e régiment de dragons)	»	»	»	»	»	»	»	»	»	»	»	»	»	
Totaux		10,756 06	6,242 90	476 98	501 13	»	706 30	112 10	85 75	389 10	376 83	697 75	»	
Totaux généraux	»	18,204 06						1,522 90						

Dépenses 19,726 96

Report des dépenses	19,726 88
Avoir au dernier jour du trimestre	246 87
L'avoir au premier jour était de	597 29
Diminution	350 42

COMPARAISON DES RECETTES ET DÉPENSES PAR NATURE D'ALLOCATIONS.

Dépenses	18,204 06	1,522 90
Report des recettes. Colonnes 5 à 12	16,841 42	»
Report des recettes. Colonnes 13 et 14	»	2,035 04
Excédent de recettes	»	512 14 (Représentant une économie de 0 fr. 0034 par journée de présence.)
Excédent de dépenses	1,362 56	
Colonne 15 (secours du Ministre)		500 00
Ensemble		1,012 14
Report de l'excédent des dépenses		1,362 56
Différence égale à la diminution de l'avoir en deniers		350 42

II. — COMPTE DU FONDS COMMUN.

2° COMPTE-MATIÈRES, EXTRAIT DU REGISTRE DES ENTRÉES ET SORTIES.

VALEUR DES ENTRÉES.

Numéros du registre des entrées et sorties.	DÉTAIL DES OPÉRATIONS.	Existant au premier jour du trimestre.	Effets et matières reçus des magasins de l'État.	de la réserve de guerre.	des fournisseurs et chefs ouvriers.	d'autres corps.	Effets reçus à titre gratuit.	Excédents et bonis.	Matériaux d'emballage.	Changement de classification et de prix.			Différence entre les prix d'achat ou de revient et les prix de la nomenclature.
1	1	3	4	5	6	7	8	9	10	11	12	13	14
»	Existant au 1er jour du trimestre	19,138 34	»	»	»	»	»	»	»	»	»	»	»
1	Changement de prix de nomenclature	»	»	»	»	»	»	»	»	1,483 60	»	»	»
2	Reçu du magasin de Paris	»	7,029 16	»	»	»	»	»	»	»	»	»	»
3	Effets reçus du 7e dragons	»	»	»	»	»	463 00	»	»	»	»	»	»
4	Reçu du magasin de Rouen	»	128 60	»	»	»	»	»	»	»	»	»	»
5	Reçu du sieur X	»	»	»	803 50	»	»	»	»	»	»	»	19 30
6	Reçu du 9e cuirassiers	»	»	»	»	427 40	»	»	»	»	»	»	»
7	Excédent (procès-verbal du 16 mai)	»	»	»	»	»	55 60	»	»	»	»	»	»
8	Reçu du sieur V	»	»	»	132 80	»	»	»	»	»	»	»	»
9	Changement de classification (bottines)	»	»	»	»	»	»	»	»	2,815 00	»	»	»
10	Reçu du brigadier bottier	»	»	»	1,335 00	»	»	»	»	»	»	»	»
11	Reçu du sieur Y	»	»	»	1,804 30	»	»	»	»	»	»	»	»
12	Reçu de la réserve de guerre	»	»	2,023 27	»	»	»	»	»	»	»	»	»
13	Matériaux d'emballage	»	»	»	»	»	37 15	»	»	»	»	»	»
14	Reçu du sieur Z	»	»	»	3,044 05	»	»	»	»	»	»	»	»
15	Reçu du magasin de Paris	»	3,418 20	»	»	»	»	»	»	»	»	»	»
16	Reçu de la réserve de guerre	»	»	1,838 60	»	»	»	»	»	»	»	»	»
17	Reçu du brigadier tailleur	»	»	»	460 40	»	»	»	»	»	»	»	»
1	Changement de prix de nomenclature	»	»	»	»	»	»	»	»	»	»	»	»
2	Effets versés au magasin de Paris	»	»	»	»	»	»	»	»	»	»	»	»
3	Effets versés à la réserve de guerre	»	»	»	»	»	»	»	»	»	»	»	»
4	Distribué à des vétérinaires de réserve	»	»	»	»	»	»	»	»	»	»	»	»
5	Distribution d'instruments	»	»	»	»	»	»	»	»	»	»	»	»
6	Déficit (procès-verbal du 10 mai)	»	»	»	»	»	»	»	»	»	»	»	»
7	Valeur des étoffes employées aux réparations et transformations	»	»	»	»	»	»	»	»	»	»	»	»
8	Cédé au 10e dragons	»	»	»	»	»	»	»	»	»	»	»	»
9	Effets versés à la réserve de guerre	»	»	»	»	»	»	»	»	»	»	»	»
10	Distribué aux vétérinaires de réserve	»	»	»	»	»	»	»	»	»	»	»	»
11	A la masse des Écoles	»	»	»	»	»	»	»	»	»	»	»	»
12	Distribué aux escadrons	»	»	»	»	»	»	»	»	»	»	»	»
13	Changement de classification (bottines)	»	»	»	»	»	»	»	»	»	»	»	»
14	Aux ordonnances	»	»	»	»	»	»	»	»	»	»	»	»
15	Distribué aux escadrons	»	»	»	»	»	»	»	»	»	»	»	»
16	Valeur des matières employées pour les confections	»	»	»	»	»	»	»	»	»	»	»	»
17	Matériaux d'emballage	»	»	»	»	»	»	»	»	»	»	»	»
18	Aux officiers	»	»	»	»	»	»	»	»	»	»	»	»
19	Perdu par force majeure	»	»	»	»	»	»	»	»	»	»	»	»
	Totaux		10,575 97	4,161 87			575 95	»	»		»	»	
	Totaux généraux	19,138 34	15,557 84		7,175 40	427 40	575 95			4,298 60			
	Entrées		46,965 71										19 30

Report des sorties 26,603 84

Valeur de l'existant au dernier jour du trimestre 20,361 87

L'avoir en magasin au premier jour était de 19,138 34

Augmentation 1,223 53

VALEUR DES SORTIES.

Numéros	Détail	Effets et matières distribués aux unités, 1re portion.	2e portion.	Employés aux confections.	Cédés à d'autres corps.	Versés dans les magasins de l'État.	Cédés à la réserve de guerre.	Cédés aux officiers, aux ordinaires, etc.	Perdus par force majeure.	Effets délivrés à titre gratuit.	Pertes et consommations.	Matériaux d'emballage.	Changement de classification et de prix.	Musique.			Différence entre les prix d'achat ou de revient et les prix de la nomenclature.
		15	16	17	18	19	20	21	22	23	24	25	26	27	28	29	30
1	Changement de prix de nomenclature												1,031 80				
2	Effets versés au magasin de Paris									179 80							
3	Effets versés à la réserve de guerre						2,546 15										
4	Distribué à des vétérinaires de réserve							0 31		144 97							
5	Distribution d'instruments													133 00			
6	Déficit (procès-verbal du 10 mai)									4 85							
7	Valeur des étoffes employées aux réparations et transformations										36 03						
8	Cédé au 10e dragons				601 50												
9	Effets versés à la réserve de guerre						1,734 15										
10	Distribué aux vétérinaires de réserve							10 11		28 49							
11	A la masse des Écoles							11 20									607 »
12	Distribué aux escadrons									83 06							
13	Changement de classification (bottines)												7,530 00				
14	Aux ordonnances							20 50									667 »
15	Distribué aux escadrons	10,438 12	3,000 00														
16	Valeur des matières employées pour les confections			300 »													
17	Matériaux d'emballage									15 88							
18	Aux officiers							37 86									
19	Perdu par force majeure								221 73								
	Totaux	10,438 12	3,000 00			»	4,300 33			369 77	96 95	»					
	Totaux généraux	13,438 12		300 »	601 50	4,300 33		148 44	221 73	466 88			8,561 80	133 00	»	»	
	Sorties						26,603 84										867 »

OBSERVATIONS. (31)

(POUR MÉMOIRE.)

Résumé des demandes d'effets de la première portion.

1er escadron..........

2e escadron..........

3e escadron..........

4e escadron..........

5e escadron..........

Total..........

Montant des primes journalières des fonds particuliers acquises pendant le trimestre..........

Par suite, la valeur des effets de la première portion demandés pour les besoins des unités pendant le trimestre s'élève à p. 100 du montant des primes.

RÉSUMÉ DE LA SITUATION DU FONDS COMMUN.

	Deniers. Avoir.	Deniers. Débet.	Avoir en magasin.	Richesse totale.
Au 1er jour du trimestre	687 20	»	19,138 34	19,832 88
Au dernier jour	346 87	»	20,361 87	20,708 74
Résultats — Augmentation	»		1,223 53	876 21
Résultats — Diminution	340 48		»	»

Habillement.

III. — RESUME GENERAL DU COMPTE TRIMESTRIEL.

Colonnes correspondantes : Fonds particuliers	Fonds communs : Deniers	Fonds communs : Matières	Nature des opérations	Fonds particuliers des unités — Valeur des effets existant tant en service qu'en magasin : Valeur initiale et augmentation	Diminution	Fonds particuliers des unités — Deniers : Recettes	Dépenses	Fonds commun — Deniers : Recettes	Dépenses	Fonds commun — Magasin du corps : Entrées	Sorties	Masse du corps : Richesse au premier jour du trimestre	Résultats et préparations : Augmentation	Diminution
, 6 et 37	4 et 14	3	Situation au premier jour du trimestre	53.860 70	»	2.176 96	»	697 29	»	10.183 34	»	77.879 38	»	»
			Augmentations.											
[illegible]	»	»	Sommes allouées par la revue de liquidation	»	»	21.296 21	»	2.035 01	»	»	»	»	23.331 28	»
19	11	»	Remboursement par d'autres corps ou par les unités des dépenses faites pour les subsistants	»	»	18 44	»	201 13	»	»	»	»	219 57	»
»	12	»	Remboursement des avances faites par le fonds commun	»	»	»	»	207 84	»	»	»	»	207 84	»
»	13	»	Secours du Ministre	»	»	»	»	500 »	»	»	»	»	500 »	»
»	»	4, 9 et 10	Excédents et bonis, matériaux d'emballage, effets reçus à titre gratuit	»	»	»	»	»	»	275 95	»	»	275 95	»
20	»	»	Rectifications. — Recettes diverses non prévues	»	»	»	»	»	»	»	»	»	»	»
			Diminutions.											
26	22	»	Remboursement à d'autres corps ou aux unités des dépenses faites pour les subsistants	»	»	»	27 49	»	201 13	»	»	»	»	228 62
»	23	»	Avances faites par le fonds commun	»	»	»	»	»	»	»	»	»	»	»
»	25	27	Musique	»	»	»	»	»	113 10	»	135 »	»	»	248 10
»	26	»	Vaguemestre ; prime ; registre, etc.	»	»	»	»	»	25 75	»	»	»	»	25 75
7, 28 et 29	»	»	Réparations à l'habillement, à la coiffure, à la chaussure, au grand équipement et à l'armement	»	»	»	4.026 88	»	»	»	»	»	»	4.026 88
30	»	»	Dégradations diverses : casernement ; chambrées	»	»	»	388 50	»	»	»	»	»	»	388 50
31	27	»	Entretien des magasins. Frais de bureau. Primes de gestion. Transformations et réparations d'effets	»	»	»	198 26	»	380 40	»	»	»	»	578 36
32	»	»	Rectifications. — Dépenses diverses non prévues	»	»	»	»	»	»	»	»	»	»	»
»	28	»	Dépenses diverses pour le service général	»	»	»	»	»	376 20	»	»	»	»	376 20
[illegible] 1 à 4	»	23, 24, 25	Pertes et consommations, matériaux d'emballage, effets délivrés à titre gratuit	»	15.625 37	»	»	»	»	»	484 82	»	»	16.110 19
			Compensations totales ou partielles.											
21	20	»	Secours aux fonds particuliers	»	»	627 75	»	»	627 75	»	»	»	»	»
21 bis	24	»	Réparti entre les unités	»	»	796 90	»	»	796 90	»	»	»	»	»
»	19	4 et 5	Effets et matières : reçus des magasins de l'État ou de la réserve de guerre	»	»	»	»	»	10.757 61	15.057 91	»	»	4.300 30	»
»	20	6	Effets et matières : reçus des fournisseurs ou chefs ouvriers	»	»	»	»	»	6.020 90	7.175 40	»	»	1.154 50	»
25	21	7	Effets et matières : reçus d'autres corps	83 49	»	»	83 49	»	107 10	177 48	»	»	»	»
23	5	15 et 16	Effets et matières : distribués aux unités	15.465 13	»	»	15.465 13	15.465 13	»	»	15.465 13	»	»	»
»	6	17	Effets et matières : employés aux confections	»	»	»	»	»	»	»	300 »	»	»	300 »
18	7	18	Effets et matières : cédés à d'autres corps	»	71 71	71 71	»	681 50	»	»	621 90	»	»	»
»	8	21	Effets et matières : cédés aux officiers, aux ordinaires, etc.	»	»	»	»	118 14	»	»	118 14	»	»	»
»	9	19 et 20	Effets et matières : versés aux magasins de l'État ou à la réserve de guerre	»	»	»	»	»	»	»	4.300 30	»	»	4.300 30
»	10	22	Effets et matières : perdus par force majeure	»	»	»	»	227 75	»	»	227 75	»	»	»
17 et 24	»	»	Effets et matières : cédés d'unité à unité	80 20	80 20	80 20	80 20	»	»	»	»	»	»	»
»	»	11 et 26	Changement de classification et de prix	»	»	»	»	»	»	4.303 60	4.351 20	»	»	57 60
			Totaux	71.408 61	15.777 28	25.068 20	20.269 95	20.073 82	19.726 95	46.365 71	26.003 84		29.989 41	26.640 50
			Report pour balance	15.777 28		20.269 95		19.726 95		26.003 84		77.879 38	Augmentation 3.348 94	
			Balance : Avoir	55.721 33		4.798 25		346 87		20.361 87		81.228 32		
			Balance : Débet	»		»		»		»				

Observations.

(1) Avoir au début.
(2) Trop au moins.
(3) Total ou différence.
(4) Recettes ou dépenses.

AVOIR EN DENIERS.

Fonds particuliers (avoir)	4.798 25
Fonds commun (avoir) (1)	346 87
Ensemble	5.145 12
Trop perçu (2)	158 48
Total (3) égal à l'excédent de recettes (4) du trimestre (registre de centralisation)	5.303 60

SITUATION DU CHAPITRE XIII DU CARNET DES FONDS DIVERS.

Dépenses	4 843 03
Recettes	» »

Certifié le présent compte, duquel il résulte que l'avoir de la masse au dernier jour du e trimestre 189 s'élève (nc compris la valeur du matériel appartenant au fonds commun et détenu par divers), à la somme de quatre-vingt-un mil deux cent vingt-huit francs trente-deux centimes se décomposant comme il suit :

Valeur des effets existant dans les unités, tant en service qu'en magasin		55.721 33		76.083
Magasin du corps	1re portion	12.946 94	20.361 87	
	2e portion	7.414 93		
Fonds particuliers		4.798 25		5.145
Fonds commun		346 87		
Total égal				81.228
A ajouter : Valeur du matériel appartenant au fonds commun et détenu par divers				6.100
Total général				87.328

A , le

Les Membres du conseil d'administration.

Vu et vérifié :

Le Sous-intendant militaire,

GOUVERNEMENT
MILITAIRE
d
ou
° CORPS D'ARMÉE
ou
° RÉGION.

ANNÉE 189 .

Modèle n° 12.

Art. 81 *bis* de l'Instruction ministérielle du 16 novembre 1887.

° RÉGIMENT D

COMPTE ANNUEL DE LA MASSE D'HABILLEMENT.

SOMMES ALLOUÉES PAR LES REVUES DE LIQUIDATION.

DÉSIGNATION des TRIMESTRES.	FONDS PARTICULIERS.																				FONDS COMMUN.			
	PRIMES JOURNALIÈRES AUX SOUS-OFFICIERS ET SOLDATS				Portion de la prime journalière perçue pour les militaires en subsistance dans les Écoles militaires.								Supplément aux troupes de toutes armes faisant partie des groupes alpins, etc.	Primes fixes pour sous-officiers nommés élèves officiers dans une école.		PRIMES FIXES POUR SOUS-OFFICIERS PROMUS, etc.				TOTAUX des SOMMES.	PRIMES JOURNALIÈRES.		Primes mensuelles.	TOTAUX des SOMMES.
	à pied à 0 fr. 24		à cheval à 0 fr. 31		A PIED.				A CHEVAL.							à pied à 25 fr.		à cheval à 30 fr.						
					École supérieure de guerre.		Toutes les autres écoles.		École supérieure de guerre.		Toutes les autres écoles.													
	Nombre de journées.	Décompte.	Nombre de journées.	Décompte.	Nombre de journées.	Décompte.	Nombre de journées.	Décompte.	Nombre de journées.	Décompte.	Nombre de journées.	Décompte.		Nombre.	Décompte.	Nombre.	Décompte.	Nombre.	Décompte.		Nombre de journées.	Décompte.	Allocations fixes.	
er trimestre...	»	»	67,963	21,068 53	»	»	»	»	»	»	»	»	»	»	»	»	»	»	»	21,068 53	67,963	679 63	1,350 »	2,029 63
e trimestre...	»	»	68,504	21,236 24	»	»	»	»	»	»	»	»	»	»	»	»	»	2	60	21,296 24	68,504	685 04	1,350 »	2,035 04
e trimestre...	»	»	68,106	21,112 86	»	»	»	»	»	»	»	»	»	»	»	»	»	»	»	21,112 86	68,106	681 06	1,350 »	2,031 06
e trimestre...	»	»	65,400	20,274 »	»	»	»	»	»	»	»	»	»	»	»	»	»	»	»	20,274 »	65,400	654 »	1,350 »	2,004 »
	»	»	269,973	83,691 68	»	»	»	»	»	»	»	»	»	»	»	»	»	2	60		269,973	2,699 73	5,400 »	

Allocations des fonds particuliers.................... 83,751 63

Allocations du fonds commun.................... 8,099.73

Report des allocations des fonds particuliers....... 83,751.63

Total pour l'année.................... 91,851 36

I. — RESUMÉ DES COMPTES DES FONDS PARTICULIERS.

Désignation des trimestres.	Décompte des effets existant tant en service qu'en magasin. — Au premier jour du trimestre.	Au dernier jour du trimestre.	Résultat du trimestre — Augmentations.	Diminutions.	RECETTES. — Avoir au premier jour du trimestre.	Sommes allouées par les revues de liquidation. — Primes journalières aux sous-officiers et soldats — à pied à 0 fr. 24.	à cheval à 0 fr. 31.	Portion de la prime journalière perçue pour les militaires en subsistance dans les Écoles — à pied — École supérieure de guerre.	Toutes les autres écoles.	à cheval — École supérieure de guerre.	Toutes les autres écoles.	Supplément aux troupes de toutes armes faisant partie des groupes alpins, etc.	Primes fixes pour sous-officiers élèves dans une école.	Primes fixes pour sous-officiers promus, etc. — à pied à 25 francs.	à cheval à 30 francs.	Remboursement de la valeur des effets cédés — à d'autres unités.	à d'autres corps.	Sommes versées par d'autres corps des dépenses faites pour les rationnaires.	Rectifications. — Recettes diverses non prévues.	Secours du fonds commun.	Répartition par le fonds commun.	TOTAUX.
1	2	3	4	5	6	7	8	9	10	11	12	13	14	15	16	17	18	19	20	21	21 bis	22
1er trimestre.	46,083 »	35,889 79	»	30,130 21	1,398 56	»	21,468 52	»	»	»	»	»	»	»	»	»	»	»	»	»	571 90	23,368 98
2e trimestre.	35,889 79	53,721 39	»	148 40	2,337 71	»	21,230 21	»	»	»	»	»	»	»	80 »	60 20	71 71	18 44	»	987 35	796 90	25,488 33
3e trimestre.	55,781 20	74,988 »	19,206 67	»	5,150 »	»	21,112 86	»	»	»	»	»	»	»	»	»	»	»	»	1,000 »	848 »	27,310 86
4e trimestre.	74,988 »	89,060 »	14,077 »	»	11,800 86	»	20,274 »	»	»	»	»	»	»	»	»	»	»	»	»	»	439 »	38,713 89
						»	83,994 63							»	80 »							
						83,094 63		»	»	»	»	»	»	80 »		60 20	71 71	18 44	»			
			33,278 67	30,278 67																		
	275,514 19	275,518 18			21,688 87	83,751 63										131 91		18 44		1,987 35	2,655 80	190,231 60

	DÉPENSES. — Valeur des effets et matières reçus — du magasin commun.	d'autres unités.	d'autres corps.	Remboursements à d'autres corps des dépenses faites pour les rationnaires.	Réparations — à l'habillement et à la coiffure.	à la chaussure et au grand équipement.	à l'armement.	Dégradations diverses. — Casernement. Chambrées.	Entretien du magasin. — Frais de bureau. Menues dépenses.	Rectifications. — Dépenses diverses non prévues.	TOTAUX.	BALANCE DES RECETTES ET DES DÉPENSES. — Avoir au dernier jour du trimestre.	Résultat du trimestre — Augmentations.	Diminutions.	AVOIR TOTAL (DENIERS ET MATIÈRES). — Au premier jour du trimestre.	Au dernier jour du trimestre.	Résultat du trimestre — Augmentations.	Diminutions.
1	23	24	25	26	27	28	29	30	31	32	33	34	35	36	37	38	39	40
1er trimestre.	17,894 22	»	96 »	65 »	106 »	1,083 »	219 »	110 »	138 »	»	21,031 81	2,337 71	1,000 21	»	37,358 30	38,507 58	»	22,1[illegible]
2e trimestre.	15,468 13	80 20	93 40	27 40	826 65	2,537 37	672 85	383 30	134 86	»	20,960 93	5,148 »	2,881 29	»	38,407 50	60,488 33	2,179 61	
3e trimestre.	11,060 »	»	160 30	24 50	688 »	4,460 »	433 »	207 »	180 »	»	13,749 »	11,080 86	5,641 66	»	60,950 33	86,723 66	25,843 33	
4e trimestre.	12,896 03	»	75 »	16 »	1,014 95	2,232 »	858 »	296 »	157 »	»	18,840 96	14,372 89	2,972 08	»	86,793 86	103,373 58	10,619 08	
					3,033 60	9,702 37	2,274 85											
	57,945 38	80 20	339 30	65 90	15,278 82			1,020 30	318 86	»			18,844 39	»			44,960 38	22,1[illegible]
	58,244 57			17,418 56							75,394 13	33,879 48	18,844 38		293,349 19	305,384 07		
													Augmentation.					

Augmentations .... 3,000 »

Valeur des effets reçus 58,244 57

Différence 55,244 57

A déduire la valeur des effets cédés contre remboursement 131 91

Valeur nette des pertes et consommations de l'année 55,094 66

* Ajouter : pour comparer les dépenses aux allocations.	Colonnes 17, 18 et 21 bis	2,807 71	»	»
	Colonnes 19 et 20	»	18 44	»
	Colonne 21	»	»	4,027 75
		55,436 86	17,068 14	14,816 62
	Pertes			
	Répartition proportionnelle de l'emploi	66 19 0/0	20 48 0/0	13 33 0/0
				Économie.

Augmentation	15,844 38
	1,027 15
	14,816 53
En divisant ce chiffre par le nombre de journées de présence de sous-officiers et soldats	397,073 »
On constate par journée de prime un bénéfice de	0,0356

II. — COMPTE DU FONDS COMMUN.

1° COMPTE-DENIERS, EXTRAIT DU JOURNAL DES RECETTES ET DÉPENSES.

RECETTES.

DÉSIGNATION des trimestres.	Avoir au premier jour de l'année.	Remboursement des effets et matières : Distribués aux unités.	Employés aux confections.	Cédés à d'autres corps.	Cédés aux officiers, aux ordinaires, etc.	Versés aux magasins de l'État ou à la réserve de guerre.	Perdus par cas de force majeure (allocations ministérielles).	Remboursement par d'autres corps ou par les unités des dépenses faites pour les subsistants.	Remboursement des avances faites par le fonds commun.	Sommes allouées par les revues : Primes journalières.	Primes mensuelles.	Secours du Ministre.		
1	2	3	4	5	6	7	8	9	10	11	12	13	14	15
1er trimestre	»	17.804 22	»	430 30	»	»	»	»	43 00	679 63	1.350 00	»		
2e trimestre	»	15.463 13	»	021 50	118 14	»	227 75	201 18	207 84	685 04	1.350 00	500 00		
3e trimestre	»	11.060 00	»	»	»	»	»	»	25 50	684 00	1.350 00	»		
4e trimestre	»	12.896 03	»	370 25	195 20	»	»	194 15	32 00	654 00	1.380 00	475 00		
Totaux		57.825 38	»	1.511 05	313 34	»	227 75	395 28	308 04	2.699 73	5.400 00			
Totaux généraux	»	60.481 44								8.099 73		975 00		

DÉPENSES.

DÉSIGNATION des trimestres.	Déficit au premier jour de l'année.	Payement des effets et matières acquis : des magasins de l'État ou prélevés sur la réserve de guerre.	des fournisseurs ou des chefs ouvriers.	d'autres corps.	Remboursement à d'autres corps ou aux unités des dépenses faites pour les subsistants.	Avances faites par le fonds commun.	Réparti entre les unités.	Musique.	Vaguemestre. Prime. Registres, etc.	Entretien du magasin. — Primes de gestion. — Transformations et réparations des effets en magasin.	Dépenses diverses pour le service général.	Secours aux fonds particuliers.			OBSERVATIONS.
1	16	17	18	19	20	21	22	23	24	25	26	27	28	29	30
1er trimestre	5.497 90	10.044 50	2.444 31	305 15	»	»	971 00	90 00	22 50	165 00	432 35	»			
2e trimestre	»	10.757 64	6.020 90	427 48	201 13	»	798 90	113 10	25 75	380 10	376 20	627 75			
3e trimestre	»	14.423 00	3.409 00	»	»	»	248 »	106 00	23 00	139 00	410 36	1.000 00			
4e trimestre	»	12.873 06	3.973 00	299 40	194 15	»	639 »	135 00	23 00	125 00	416 35	»			
Totaux		48.098 10	15.847 21	1.032 03	395 28	»	2.656 80	444 10	94 25	809 10	1.635 25	1.627 75			
Totaux généraux	5.497 90	63.028 42						4.610 45							

Recettes 69.556 17
Report des dépenses 78.136 77

Déficit au dernier jour de l'année 8.580 60
Le déficit au premier jour était de 5.497 90

Diminution 3.082 70

Dépenses 78.136 77

COMPARAISON DES RECETTES ET DÉPENSES PAR NATURE D'ALLOCATIONS.

Dépenses.		63.028 42	4.610 45
Report des recettes	colonnes 3 à 10	60.481	»
	colonnes 11 et 12	»	8.099 73
Excédent	de recettes	»	3.489 28
	de dépenses	7.546 98	(Représentant une économie de 0 fr. 0129 par journée de présence.)
Colonne 13 (Secours du Ministre)			975 00
Ensemble			4.464 28
Report de l'excédent de dépenses			7.546 98
Différence égale à la diminution de l'avoir en deniers			3.082 70

II. — COMPTE DU FONDS COMMUN.

2° COMPTE-MATIÈRES, EXTRAIT DU REGISTRE DES ENTRÉES ET SORTIES.

VALEUR DES ENTRÉES.

DÉSIGNATION des trimestres	Existant au premier jour de l'année.	Effets et matières reçus des magasins de l'État.	Effets et matières reçus de la réserve de guerre.	Effets et matières reçus des fournisseurs et chefs ouvriers.	Effets et matières reçus d'autres corps.	Effets reçus à titre gratuit.	Excédents et bonis.	Matériaux d'emballage.	Changement de classification et de prix.			Différence entre les prix d'achat ou de revient et les prix de la nomenclature.
1	2	3	4	5	6	7	8	9	10	11	12	13
1er trimestre	24.000 00	10.041 50	»	3.205 61	305 15	133 00	»	»	787 75			21 30
2e trimestre	»	10.576 07	4.481 87	7.175 40	427 48	273 95	»	»	4.293 60			12 50
3e trimestre	»	14.423 00	»	3.848 00	»	216 00	»	»	711 00			8 30
4e trimestre	»	12.575 96	3.555 00	4.772 00	299 40	120 00	»	»	90 00			»
TOTAUX		47.616 53	8.036 87			736 95	»	»				
TOTAUX généraux	24.000 00	55.653 40		19.001 01	1.032 03	736 98			5.882 35			
ENTRÉES	106.305 74											42 10

ENTRÉES	106.305 74
REPORT des sorties	75.677 99
VALEUR de l'existant au dernier jour de l'année	30.627 75
L'AVOIR en magasin au premier jour était de	24.000 00
AUGMENTATION	6.627 74

VALEUR DES SORTIES.

DÉSIGNATION des trimestres	Effets et matières distribués aux unités : 1re portion.	Effets et matières distribués aux unités : 2e portion.	Employés aux confections.	Cédés à d'autres corps.	Versés dans les magasins de l'État.	Cédés à la réserve de guerre.	Cédés aux officiers, aux ordinaires, etc.	Perdus par force majeure.	Effets délivrés à titre gratuit.	Pertes et consommations.	Matériaux d'emballage.	Changement de classification et de prix.	Musiques.			Différence entre les prix d'achat ou de revient et les prix de la nomenclature.	OBSERVATIONS
	14	15	16	17	18	19	20	21	22	23	24	25	26	27	28	29	30
1er trimestre	13.100 00	4.704 22	150 15	430 30	»	»	»	»	190 00	35 00	»	427 00	291 00			632 45	
2e trimestre	10.436 13	5.025 00	300 00	621 50	»	1.300 30	118 14	227 75	385 77	98 05	»	4.351 20	135 00			867 »	
3e trimestre	9.021 00	2.630 00	200 00	»	»	»	»	»	161 00	14 00	»	702 00	173 00			247 30	
4e trimestre	9.147 03	3.749 00	250 00	359 25	»	3.255 00	195 20	»	177 00	29 00	»	»	295 00			549 »	
TOTAUX	41.704 16	16.121 22			»	7.055 30			984 77	176 05	»						
TOTAUX généraux	57.825 38		900 15	1.411 05	7.555 30		313 34	227 75	1.110 82			5.480 20	834 00			2.295 75	

SORTIES 75.677 99

(POUR MÉMOIRE)

RÉSUMÉ DES DEMANDES D'EFFETS DE LA PREMIÈRE PORTION.

1er trimestre	
2e trimestre	
3e trimestre	
4e trimestre	
TOTAL	
Montant des primes journalières des fonds particuliers acquises pendant l'année	

Par suite, la valeur des effets de la première portion demandés pour les besoins du corps pendant l'année, s'élève à p. 100 du montant des primes

RÉSUMÉ DE LA SITUATION DU FONDS COMMUN.

	Deniers. Avoir.	Deniers. Déficit.	Avoir en magasin.	Richesse totale.
Au premier jour de l'année	»	5.497 90	24.000 00	18.502 10
Au dernier jour	»	8.580 60	30.627 75	22.047 15
Résultats. Augmentation	»		6.627 75	3.545 05
Résultats. Diminution	3.082 70			

III. — RESUME GENERAL DU COMPTE ANNUEL DE LA MASSE D'HABILLEMENT.

COLONNES CORRESPONDANTES. Fonds particuliers.	Fonds commun. Deniers.	Fonds commun. Matières.	NATURE DES OPÉRATIONS.	FONDS PARTICULIERS DES UNITÉS. Valeur des effets existant tant en service qu'en magasin. Valeur initiale et augmentation.	Diminution.	Deniers. Recettes.	Dépenses.	FONDS COMMUN. Deniers. Recettes.	Dépenses.	Magasin du corps. Entrées.	Sorties.	MASSE DU CORPS. Richesse au premier jour de l'année.	Résultats de l'année. Augmentation.	Diminution.
2 et 6	2 et 16	2	Situation au premier jour de l'année	85.000 »	»	1.028 30	»	»	5.497 90	24.000 »	»	106.030 60	»	»
			Augmentations.											
…ille de rév.	»	»	Sommes allouées par la revue de liquidation	»	»	83.751 03	»	8.090 73	»	»	»	»	91.851 36	»
10	9	»	Remboursement par d'autres corps ou par les unités des dépenses faites pour les subsistants	»	»	18.14	»	395 28	»	»	»	»	413.72	»
»	10	»	Remboursement des avances faites par le fonds commun	»	»	»	»	308 64	»	»	»	»	308 64	»
»	13	»	Secours du Ministre	»	»	»	»	975 »	»	»	»	»	975 »	»
»	»	7 à 9	Excédents et bonis, matériaux d'emballage, effets reçus à titre gratuit	»	»	»	»	»	»	736 95	»	»	736 95	»
20	»	»	Rectifications. — Recettes diverses non prévues	»	»	»	»	»	»	»	»	»	»	
			Diminutions.											
25	20	»	Remboursement à d'autres corps ou aux unités des dépenses faites pour les subsistants	»	»	»	85 09	»	395 28	»	»	»	»	481.27
»	21	»	Avances faites par le fonds commun	»	»	»	»	»	»	»	»	»	»	»
»	23	35	Musique	»	»	»	»	»	444 10	»	854 »	»	»	1.298 10
»	24	»	Vaguemestre; prime, registre, etc.	»	»	»	»	»	94 25	»	»	»	»	94 25
27 à 29	»	»	Réparations à l'habillement, à la coiffure, à la chaussure, au grand équipement et à l'armement	»	»	»	15.272 83	»	»	»	»	»	»	15.272 83
30	»	»	Dégradations diverses; casernement; chambrées	»	»	»	1.030 50	»	»	»	»	»	»	1.030 50
31	25	»	Entretien des magasins. Frais de bureau. Prime de gestion. Transformations et réparations d'effets	»	»	»	718 20	»	800 10	»	»	»	»	1.527 36
32	»	»	Rectifications. — Dépenses diverses non prévues	»	»	»	»	»	»	»	»	»	»	»
»	26	»	Dépenses diverses pour le service général	»	»	»	»	»	1.635 25	»	»	»	»	1.635 25
…ullet. nos 2 à 5	»	22 à 24	Pertes et consommations, matériaux d'emballage, effets délivrés à titre gratuit	»	55.092 06	»	»	»	»	»	1.110 82	»	»	56.208 43
			Compensations totales ou partielles.											
21 *bis*	22	»	Réparti entre les unités	»	»	2.655 80	»	»	2.655 80	»	»	»	»	»
21	27	»	Secours aux fonds particuliers	»	»	1.627 75	»	»	1.627 75	»	»	»	»	»
»	17	3 et 4	Effets et matières reçus des magasins de l'Etat ou de la réserve de guerre	»	»	»	»	»	48.098 10	55.653 40	»	»	7.555 30	»
»	18	5	Effets et matières reçus des fournisseurs et chefs ouvriers	»	»	»	»	»	13.847 21	16.747 30	»	»	3.153 80	»
25	19	6	Effets et matières reçus d'autres corps	338 99	»	»	338 99	»	1.032 03	1.089 07	»	»	»	»
23	3	14 et 15	Effets et matières distribués aux unités	57.835 38	»	»	57.825 38	57.825 38	»	»	57.825 38	»	»	»
»	4	16	Effets et matières employés aux confections	»	»	»	»	»	»	»	900 15	»	»	900 15
18	5	17	Effets et matières cédés à d'autres corps	»	71 71	71 71	»	1.411 05	»	»	1.411 05	»	»	»
»	6	20	Effets et matières cédés aux officiers, aux ordinaires, etc.	»	»	»	»	313 31	»	»	313 34	»	»	»
»	7	18 et 19	Effets et matières versés aux magasins de l'Etat ou à la réserve de guerre	»	»	»	»	»	»	»	7.535 30	»	»	7.555 30
»	8	21	Effets et matières perdus par force majeure	»	»	»	»	227 75	»	»	227 75	»	»	»
7 et 24	»	»	Effets et matières cédés d'unité à unité	»	»	80 20	80 20	»	»	»	»	»	»	»
»	10	25	Changement de classification et de prix	»	»	»	»	»	»	5.882 35	5.480 20	»	402 15	»
			TOTAUX	144.164 37	55.164 37	89.734 03	75.361 15	69.086 17	78.136 77	106.306 74	75.677 99		105.396 92	86.007 49
			REPORT pour balance	55.164 37		75.361 15			69.586 17	75.677 99		106.090 60	augmentation : 19.389 43	
			BALANCE — Avoir	89.000 »		14.372 88			»	30.627 75			125.420 03	
			BALANCE — Débet	»		»			8.580 60	»				

OBSERVATIONS.

Certifié le présent compte annuel duquel il résulte que la richesse de la masse d'habillement du corps au 31 décembre 189 s'élève (non compris la valeur du matériel appartenant au fonds commun et détenu par divers) à la somme de Cent vingt-cinq mille quatre cent vingt francs trois centimes, se décomposant comme il suit :

Valeur des effets existant dans les unités, tant en service qu'en magasin		89.000 »	119.627 75
Magasin du corps. 1re portion	25.000 »	30.627 75	
Magasin du corps. 2e portion	5.627 75		
Fonds particuliers (avoir)		14.372 88	5.792 28
Fonds commun (débet)		8.580 60	
TOTAL ÉGAL			125.420 03
A ajouter : Valeur du matériel appartenant au fonds commun et détenu par divers			6.100 »
TOTAL GÉNÉRAL			131.520 03

La richesse théorique étant de :

Il ressort un excédent (ou déficit) de :

SITUATION DU CHAPITRE XIII

DU CARNET DES FONDS DIVERS

Recettes...

Dépenses...

A , le 189 .

Les Membres du conseil d'administration,

OBSERVATIONS ET PROPOSITIONS

DU DIRECTEUR DU SERVICE DE L'INTENDANCE.

, le 189 .

°CORPS D'ARMÉE.

Place d

N°

RÉSERVE DE GUERRE.

SERVICE

de

L'HABILLEMENT ET DU CAMPEMENT.

Modèle n° 13.

Article 82 de l'Instruction ministérielle du 16 novembre 1887.

Désignation du corps de troupe.

(1) opérant pour le

(2)

PROCÈS-VERBAL

DE VÉRIFICATION ANNUELLE DE L'ASSORTIMENT.

L'an mil huit cent , le et jours suivants,

Nous , sous-intendant militaire à la résidence de , ayant la surveillance administrative du ° régiment d

Avons, conformément aux prescriptions de l'article 82 de l'instruction ministérielle du 16 novembre 1887,

Recensé les effets ou objets du service de l'habillement et du campement existant au magasin d'habillement du corps;

Vérifié l'assortiment des effets en tailles et pointures;

Examiné les inscriptions faites au carnet des pointures.

Au cours de nos opérations, avons constaté :

1° Que les approvisionnements présentent les différences en nombre ci-après :

Excédents :

(Néant ou indiquer les quantités d'effets ou objets.)

Manquants :

(Néant ou indiquer les quantités d'effets ou objets.)

2° Que les effets d'habillement (sont ou ne sont pas) classés par tailles, pointures et années de confection.

3° Que le corps s'est (ou ne s'est pas) conformé aux dispositions de l'article 19 de l'instruction ministérielle du 16 novembre 1887, concernant la mise en service des effets de la plus ancienne confection.

4° Que le carnet des pointures est exempt d'erreurs (ou contenait des erreurs qui ont été immédiatement redressées.)

5° Que les différences entre les pointures existant dans les approvisionnements et celles qui devraient y exister d'après les tableaux en vigueur sont les suivantes :

(1) A ajouter sur les procès-verbaux concernant les approvisionnements autres que ceux du corps actif.

(2) Désigner le corps dont les approvisionnements sont gérés par le corps actif.

CAPOTES.

TYPES.	NUMÉROS des SUBDIVISIONS.	DIFFÉRENCES EN PLUS.	DIFFÉRENCES EN MOINS.	OBSERVATIONS. — Établir un tableau pour chacune des catégories d'effets (manteaux, tuniques, vestes, pantalons, etc.), pour lesquelles il est relevé des différences.
A	1			Faire connaître dans cette colonne, par nature d'effets, le délai dans lequel le corps compte pouvoir faire disparaître les différences signalées.
	2			
	3			
	4			
B	1			
	2			
	3			
	4			
C	1			
	2			
	3			
	4			
D	1			
	2			
	3			
	4			
Etc.				NOTA. Quand les approvisionnements sont au complet en nombre, les totaux généraux des différences en plus et en moins comme pointures doivent être égaux.
TOTAUX	partiels......			
	généraux....			

De tout ce qui précède, nous avons dressé le présent procès-verbal, qui a été clos le , et dont une expédition a été remise au Conseil d'administration du régiment de

Le Sous-Intendant militaire,

GOUVERNEMENT MILITAIRE
d

ou

e CORPS D'ARMÉE

ou

e RÉGION.

DÉPARTEMENT
d

MASSE D'HABILLEMENT

Mois d 189 .

QUITTANCE.

ACQUIT
imputable sur la revue du
e trimestre 189 pour (1)

(1) L'intérieur *ou* l'Afrique.

SERVICE DE L'HABILLEMENT & DU CAMPEMENT

EXERCICE 189 .

1re SECTION. — SERVICE ORDINAIRE.
CHAPITRE . — ARTICLE . — PARTIE.

Désigner le corps........
Indiquer s'il s'agit du corps entier, du dépôt ou d'un détachement.
S'il s'agit d'un détachement, porter ici le nom et le grade du commandant.
Indiquer si le corps est en station et dans quelle place ; ou s'il est en route, le lieu du départ et celui de l'arrivée.

MODÈLE No 14.

Art. 10 de l'instruction ministérielle du 16 novembre 1887.

FORMAT DU PAPIER :
Hauteur......... 420mm.
Largeur......... 250mm.

ÉTAT collectif présentant par parties prenantes les droits acquis par pendant le mois d aux différentes primes de la masse d'habillement.

INDICATIONS DIVERSES.	QUOTITÉ DES PRIMES.	NOMBRE DE JOURNÉES AYANT DONNÉ DROIT AUX PRIMES JOURNALIÈRES d'entretien et nombre de parties prenantes aux primes fixes. — Armée active. — D'après les feuilles de journées.	D'après les bordereaux récapitulatifs modèle n° 4.		Réserve de l'armée active.	Armée territoriale.	TOTAL DES JOURNÉES et des PARTIES PRENANTES.	DÉCOMPTE.
§ 1er. *Fonds commun du corps.*								
1° Prime journalière........................								
2° Prime mensuelle........................								
§ 2. *Fonds particuliers des compagnies, escadrons ou batteries.*								
1° PRIMES JOURNALIÈRES.								
Sous-officiers et soldats... à pied...........								
Sous-officiers et soldats... à cheval...........								
Portion de la prime journalière perçue pour les militaires en subsistance dans les écoles militaires. — à pied. — École supérieure de guerre.								
— à pied. — Toutes les autres écoles.								
— à cheval. — École supérieure de guerre.								
— à cheval. — Toutes les autres écoles.								
Supplément aux troupes de toutes armes faisant partie des groupes alpins, etc.............								
2° PRIMES FIXES.								
Sous-officiers nommés élèves-officiers dans une école militaire.								
Sous-officiers promus officiers sans avoir suivi les cours d'une école militaire d'élèves-officiers ou nommés à l'un des emplois indiqués au tarif n° 22 du décret du 27 décembre 1890 ; caporaux, brigadiers et soldats rengagés ou commissionnés nommés à l'un des emplois indiqués au tarif susvisé. Militaires de tous grades (adjudants, chefs armuriers et maîtres selliers exceptés) admis à la retraite ou réformés par congé n° 1. — à pied...								
— à cheval.								
				TOTAL DU DÉCOMPTE........				

(1) Membres du conseil d'administration : s'il s'agit d'un détachement, d'une compagnie, d'un escadron ou d'une batterie, ou, s'il n'y a pas de conseil d'administration, le commandant inscrira ici lisiblement son nom et son grade, et ne pourra confier à personne le soin de signer pour lui.

Certifié par nous (1) le présent état montant à la somme de pour primes diverses de masse d'habillement pendant le mois de 189

A , le 189

Habillement.

(1) Voir au recto.
(2) Cet état ne pourra être valablement arrêté que par un fonctionnaire de l'intendance militaire, sauf les exceptions prévues par l'article 26 du règlement sur la solde et les revues.
Le signataire inscrira lisiblement son nom et son grade.

AUGMENTATIONS PAR SUITE :

1° Des décomptes de libération des revues ;
2° De la rectification des revues ;
3° Des ordres particuliers du Ministre.
NOTA. — On devra détailler chaque article des augmentations.

DIMINUTIONS PAR SUITE :

1° Des décomptes de libération des revues ;
2° De la rectification des revues ;
3° Des ordres particuliers du Ministre ;
4° Pour valeur d'effets reçus des magasins administratifs.
NOTA. — On devra détailler chaque article des diminutions.

Montant des sous-délégations de crédits cumulés ....

Dernier crédit. { Numéro / Date

N°
du registre des mandats.

(3) QUITTANCE.

NOTA. — La déclaration de quittance est semblable au présent modèle, sauf les modifications ci-après :
(3) Ajouter « déclaration de quittance ».
(4) « Déclarons avoir donné à », au lieu de « reconnaissons avoir reçu ».
(5) Quittance.

VU ET VÉRIFIÉ par nous (2)
employé
le présent état montant à..................

IL RESTE A ORDONNANCER.......

Nous arrêtons, en conséquence, le présent état à la somme de
que nous mandons à M.
trésorier-payeur général de
de payer à
pour les causes ci-dessus énoncées.

A , le 189

Nous soussignés (1)
reconnaissons avoir reçu (4) de M.
trésorier-payeur général de (5) la somme de portée au présent mandat.

A , le 189 .

Article 5 de l'Instruction ministérielle du 16 novembre 1887.

ANNEXE A.

SERVICE DE L'HABILLEMENT.

APPROVISIONNEMENTS DE GUERRE.

BASES D'ALLOCATIONS

DES INDEMNITÉS ANNUELLES DE FRAIS DE GESTION ET DE BUREAU.

NOTA. — L'indemnité est due à partir du jour où les approvisionnements entrent en voie de formation (date constatée par le sous-intendant militaire). Elle se décompte par mois de 30 jours ou, selon le cas, par jour. Elle est payée trimestriellement sur état émargé par les soins du corps gestionnaire.

DÉSIGNATION DES CORPS.		Taux de l'indemnité annuelle.	A augmenter pour chaque unité en plus.	A déduire pour chaque unité en moins.	OBSERVATIONS.
		Fr.	Fr.	Fr.	
Infanterie.	1° Par régiment :				
	Actifs à 16 compagnies......	140	»	5	
	De réserve à 12 compagnies.	120	5	5	
	Territorial à 12 compagnies.	120	5	5	
	2° Par fraction détachée se mobilisant sur place.....	60	5	»	
Chasseurs à pied.	Par bataillon à 6 compagnies.	90	5	5	
	Par bataillon territorial à 4 compagnies.............	80	5	5	
Zouaves (1).	Portion de France (8 compagnies)................	100	5	5	
	Portion restant en Afrique (24 compagnies)..........	180	5	5	
	Pour un bataillon territorial.	40	»	»	
Tirailleurs algériens.	1er, 2e et 3e régimts. Portion de France (8 compagnies).	100	5	5	
	1er, 2e et 3e régimts. Portion restant en Afrique (8 comp.)	100	5	5	
	4e régiment. En Afrique (16 compagnies)............	140	5	5	
Infanterie légère.	Par bataillon à 6 compagnies.	90	5(A)	5	
Cavalerie.	Par régiment.............	85	»	»	
	Par escadron territorial....	15	»	»	
Artillerie (régiments, ouvriers et artificiers).	1° Par rég. à 12 batteries...	180	5(A)	5	
	2° Par batterie détachée se mobilisant sur place.....	30	5	»	
	3° Par unité territoriale....	5	»	»	
	4° Par compagnie d'ouvriers d'artillerie ou d'artificiers.	30	»	»	
Artillerie à pied.	1° Par bataillon à 6 comp..	90	5(A)	5	
	2° Par batterie détachée se mobilisant sur place.....	30	5	»	
	3° Par unité territoriale....	5	»	»	
Génie.	1° Par régiment à 13 comp.	125	5	5	
	2° Par compagnie détachée se mobilisant sur place...	30	5	»	
Train des équipages militaires.	1° Par escadron à 3 comp..	75	5	5	
	2° Par compagnie détachée se mobilisant sur place...	30	5	»	
	3° Par comp. territoriale..	15	»	»	
Section de secrétaires d'état-major et du recrut.		60	»	»	
Sect. de commis et ouvriers milit. d'administration. Section d'infirmiers militaires.	section active.....	60	»	»	
	section territoriale.	30	»	»	

(1) Les gestionnaires d'approvisionnement destinés aux zouaves territoriaux sont indemnisés par le régiment actif de zouaves de la division.

(A) Pour les unités à créer à la mobilisation, l'indemnité n'est allouée que pour les approvisionnements constitués dans un lieu autre que celui où sont entretenus les approvisionnements de l'unité-mère correspondante.

ANNEXE B.

Nomenclature des principales dépenses incombant à la masse d'habillement.

Nota. — Cette nomenclature comprend les principales dépenses qui étaient anciennement au compte de la masse d'entretien (1re et 2e portions) et au compte du service de l'habillement.

DÉSIGNATION DES DÉPENSES PRINCIPALES imputables A LA MASSE D'HABILLEMENT.	OBSERVATIONS.

Ire PARTIE. — Fonds particuliers des unités.

1° *Dépenses à inscrire dans la colonne 23 du compte trimestriel de la masse d'habillement.*

A. — Les effets et objets dont la nomenclature est donnée au tableau n° 2 annexé au règlement du 16 novembre 1887.

B. — Les effets et objets dont l'énumération suit :

Effets et objets spéciaux à certaines catégories de militaires et effets et objets délivrés par le magasin commun du corps :

- Ceinture de laine.
- Ceinture de flanelle (1).
- Ceinture de gymnastique.
- Epaulettes de tambour-major (modèle des sous-officiers rengagés).
- Gants moufles.
- Guêtres-jambières en toile.
- Jersey.
- Matelassure de cuirasse.
- Galons de grade, de fonctions et d'ancienneté.
- Insignes et attributs divers.
- Béret.
- Calotte d'écurie ou de travail.
- Tenue de ville des sous-officiers rengagés ou commissionnés.
- Tenue des sous-officiers élèves-officiers.
- Bretelles porte-effets.
- Canne de tambour-major.
- Canne et cordon de canne de caporal tambour.
- Ceinturon verni pour sergent-major et maréchal des logis chef.
- Dragonne de sabre.
- Porte-épée des sous-officiers et des musiciens du génie.
- Caisse de tambour complète.
- Baguettes.
- Bretelles de caisse.
- Collier.
- Cuissière.
- Porte-baguettes.
- Accessoires divers.
- Clairon avec cordon et courroie (infanterie et génie).
- Trompettes avec cordon et courroie.
- Bâton ferré.
- Cordon pour plaque d'identité.
- Boîte et demi-boîte à livrets.
- Boîte à marques pour les unités administratives.

(1) Les ceintures de flanelle prélevées sur l'approvisionnement de l'État et mises en service sont remplacées au compte des fonds particuliers.

DÉSIGNATION DES DÉPENSES PRINCIPALES imputables A LA MASSE D'HABILLEMENT.			OBSERVATIONS.
Effets et objets spéciaux à certaines catégories de militaires et effets et objets délivrés par le magasin commun du corps. (*Suite.*)	Boîte à plaque d'identité.		
	Effets	des conducteurs de caissons de munitions.	
		des hommes à pied de l'artillerie recevant l'instruction à cheval.	
		des ordonnances stagiaires.	
		analogues à ceux des conducteurs de caissons de munitions distribués à des ordonnances d'officiers des troupes à pied.	
		des ouvriers militaires employés à certains travaux.	
	Bandes molletières.		
	Bourgeron de cuisine.		
	Pantalon de cuisine.		
	Torchon.		
	Toque pour cuisinier.		
	Tablier pour cuisinier.		
	Effets pour les militaires employés à l'exploitation des jardins potagers.		
	Pantalon de gymnastique (zouaves et tirailleurs algériens).		
	Veste de gymnastique.		
	Sabots-galoches.		
	Ruban de médaille commémorative.		
	Sifflet de signal et cordon.		
	Remplacement des sachets à vivres.		
2° *Dépenses à inscrire dans la colonne 27 du compte trimestriel de la masse d'habillement.*			
Réparations à l'habillement et à la coiffure.	Confection des pattes et écussons à numéro.		
	Mise à l'uniforme du corps des effets des militaires venus d'autres corps.		
	Retournement des bandes de pantalons et autres parties d'effets en drap écarlate.		
	Remplacement des velours.		
	Signe distinctif sur les effets de la collection d'instruction.		
	Frais de pose des galons, des insignes et attributs divers.		
	Confection des enveloppes de petits bidons.		
	Garniture des épaulettes.		
	Pose des accessoires sur le képi n° 1.		
	Confection de chaussons dans les corps de troupe.		
	Retouches aux effets dans les unités.		

DÉSIGNATION DES DÉPENSES PRINCIPALES imputables A LA MASSE D'HABILLEMENT.		OBSERVATIONS.
3° *Dépenses à inscrire dans la colonne 30 du compte trimestriel de la masse d'habillement.*		
Dégradations diverses : Casernement. Chambrées.	Dégradations diverses résultant de la faute ou de la négligence des hommes de troupe (1). Etamage des gamelles individuelles. Etiquette pour planche à bagage et pour râtelier d'armes. Planchette pour liste d'appel. Etat de casernement. Baquet. Balai-brosse. Poudre de pyrèthre. Soufflet à entonnoir. Entretien et remplacement des planchettes destinées au nettoyage des effets de grand équipement. Crachoirs et sable. Paillassons de jonc destinés aux chambres et locaux particuliers aux unités.	(1) Les dégradations au casernement sont supportées par la masse de casernement. (Art. 9 du règlement du 20 juin 1888.)
4° *Dépenses à inscrire dans la colonne 31 du compte trimestriel de la masse d'habillement.*		
Entretien du magasin. Frais de bureau. Menues dépenses.	Corde à fourrage. (Frais de marquage au numéro matricule de l'homme.) Frais de bureau des unités administrat. (2). Registre des entrées et des sorties des unités administratives. Graisse Thomas. Huile antoxyde. Nourriture Mironde. Composition Burdel pour les draps écarlates Tablette de jaune pour les collets. Ingrédients pour nettoyer les effets et les armes et pour désinfecter les petits bidons. Acide phénique. Poudre de pyrèthre. Soufre. Camphre, poivre, essence de térébenthine. Rideau à défaut de volets. Brosse. Balai. Arrosoir. Piège à rats. Naphtaline. Encre indélébile.	(2) La somme fixée, à titre d'indemnité, figure dans les comptes trimestriels des fonds particuliers sans détail de l'emploi qui en a été fait.

DÉSIGNATION DES DÉPENSES PRINCIPALES imputables A LA MASSE D'HABILLEMENT.		OBSERVATIONS.
Entretien du magasin Frais de bureau. Menues dépenses. (*Suite.*)	Machines à coudre et outils nécessaires aux ouvriers tailleurs et cordonniers des unités. Instruments nécessaires au perruquier pour la coupe des cheveux et la barbe. Frais de transport des effets renvoyés au corps par les hommes libérés du service actif.	
IIe PARTIE. — Fonds commun du corps.		
1o *Dépenses à inscrire dans la colonne* 25 *du compte trimestriel.*		
Musique.	Primes allouées au personnel. Distribution, entretien, réparation des instruments réglementaires et des étuis, des gibernes et banderoles de giberne, des diapasons, des sourdines pour trompettes et clairons. Achat de partitions. Abonnement aux journaux de musique. Achat de cahiers, papiers et cartons. Achat de méthodes. Achat d'encre, de plumes, de porte-plume, etc. Achat de lanternes pour les retraites en musique. Dépenses pour l'école de chant et de musique.	

Dispositions spéciales à la musique.

En principe, les musiciens rengagés ou commissionnés ont seuls droit à une prime mensuelle de fonctions. Toutefois, les conseils d'administration peuvent accorder la prime de fonctions à titre d'encouragement à des sujets non rengagés rendant à la musique des services exceptionnels.

En aucun cas, il ne peut être accordé de primes de fonctions aux élèves-musiciens.

La prime de fonctions est allouée pour toutes les journées donnant droit à la solde de présence.

DÉSIGNATION DES DÉPENSES PRINCIPALES imputables A LA MASSE D'HABILLEMENT.		OBSERVATIONS.
2° Dépenses à inscrire dans la colonne 26 du compte trimestriel.		
Vaguemestre (1).	Indemnité journalière. Gratifications. Achat des registres. Carnet d'enregistrement des avis d'arrivée de mandats télégraphiques.	

Il n'est fait exception à cette règle que pour les musiciens punis de prison qui sont privés de la prime de fonctions pendant tout le temps de la détention.

Le tableau ci-après fixe le minimum et le maximum de la prime mensuelle de fonctions pour chacun des emplois dans la musique.

	Chefs de musique.		Sous-chefs de musique.		Chefs de fanfare.		Musiciens rengagés ou commissionnés.	
	Minimum.	Maximum.	Minimum.	Maximum.	Minimum.	Maximum.	Minimum.	Maximum.
	fr. c.	fr. c.	fr. c.	fr. c.	fr. c.	fr. c.		fr. c.
Pendant les cinq premières années de fonctions........	50 »	60 »	25 »	30 »	15 »	20 »	Il n'y a pas de minimum.	40 » (Ce chiffre peut être dépassé et porté jusqu'à 75 francs dans des cas exceptionnels pour les instrumentistes possédant un talent réel.)
Pendant les cinq années suivantes...		70 »		40 »		30 »		
Après dix ans de fonctions........		80 »		50 »		40 »		

En ce qui concerne les musiciens non rengagés ou non commissionnés, la prime à leur allouer ne doit pas excéder 20 francs par mois.

Dispositions transitoires.

Les chefs et sous-chefs de musique, les chefs de fanfare et musiciens en fonctions au 1er avril 1889 et auxquels il était alloué des primes supérieures à celles indiquées au tableau ci-dessus, continueront de percevoir ces primes ; elles ne pourront être augmentées qu'au moment où, en raison de leur ancienneté, ils auraient droit, d'après le tarif sus-visé, à un maximum plus élevé que la somme qui leur est actuellement allouée.

(1) Le vaguemestre reçoit une indemnité journalière fixée à trois centimes par unité administrative dans les régiments d'infanterie, de zouaves, de tirailleurs algériens, du génie, et cinq centimes dans les autres corps. Ces indemnités ne sont pas allouées pour la section ou le peloton hors rang, non plus que pour les fractions de corps détachées moindres d'une unité.

L'ensemble de toutes les dépenses, y compris la gratification, ne doit pas dépasser annuellement : 280 francs dans les régiments d'infanterie, de zouaves, de tirailleurs algériens ; 140 francs dans les bataillons de chasseurs à pied et d'infanterie légère d'Afrique ; 180 francs dans les régiments de cavalerie ; 350 francs dans les régiments d'artillerie, du génie ; 230 francs dans les bataillons d'artillerie à pied ; 180 francs dans les escadrons du train des équipages militaires et 40 francs dans les compagnies ou sections formant corps.

La fixation de 350 francs concerne les régiments d'artillerie à 12 batteries.

Pour chaque batterie en plus ou en moins, elle est augmentée ou diminuée de 30 francs.

DÉSIGNATION DES DÉPENSES PRINCIPALES imputables A LA MASSE D'HABILLEMENT.		OBSERVATIONS.
3° *Dépenses à inscrire dans la colonne 27 du compte trimestriel.*		
Entretien du magasin. Réparations, retouches, etc. Primes de gestion.	Matériaux d'emballage.	
	Frais de faufilage des pattes et écussons à numéro.	Effets en magasin.
	Pose définitive des pattes et écussons à numéro.	Id.
	Retouche aux effets en magasin.	
	Gratifications aux ouvriers tailleurs et cordonniers.	
	Marquage par le chef armurier des instruments de musique	Effets ou objets en magasin.
	Marquage par le chef armurier des outils.	Id.
	Marquage par le chef armurier des cannes.	Id.
	Marquage par le chef armurier des caisses de tambour.	Id.
	Marquage par le chef armurier des clairons.	Id.
	Marquage par le chef armurier des gamelles	Id.
	Marquage par le chef armurier des quarts.	Id.
	Marquage par le chef armurier des cuillers.	Id.
	Marquage par le chef armurier des fourchettes.	Id.
Entretien des magasins.	Marquage par le chef armurier des cordes à fourrages.	Id.
	Marquage des plaques d'identité.	
	Indemnité pour frais de vacation aux experts	
	Frais d'expertise.	
	Indemnité de frais de gestion et de bureau à l'officier d'habillement.	Pour les approvisionnements spéciaux, les indemnités pour frais de bureau et de gestion incombent au budget de l'habillement.
	Paiement de la taxe sur les chiens de garde.	
	Encre indélébile.	Pour le magasin ou pour être cédés aux unités administratives au fur et à mesure de leurs besoins.
	Huile antoxyde.	Id.
	Naphtaline.	Id.
	Nourriture Mironde.	Id.
	Graisse Thomas.	Id.
	Ingrédients pour nettoyer les effets et désinfecter les petits bidons.	Id.
	Acide phénique.	Id.
	Poudre de pyrèthre.	Id.
	Soufre.	Id.
	Camphre.	Id.
	Poivre.	Id.
	Essence de térébenthine.	Id.
	Brosse.	Id.
	Balai.	Id.

DÉSIGNATION DES DÉPENSES PRINCIPALES imputables A LA MASSE D'HABILLEMENT.	OBSERVATIONS.
Entretien des magasins. (*Suite.*) — Réparation aux caisses d'armes.	
Fond manquant aux barils vides.	
Réparation aux cantines et caisses à bagages	Détériorées en magasin.
Réparation aux effets.	Id.
Réparation aux petits bidons individuels échangés au magasin administratif.	Id.
Distinction par année de confection.	
4° *Dépenses à inscrire dans la colonne* 28 *du compte trimestriel.*	
Dépenses diverses pour le service général. — Fonds éventuel mis à la disposition des chefs de corps (1).	
Clairon (dans la cavalerie, l'artillerie, le train des équipages militaires.)	
Manteau. Collet mobile. Casque. Accessoires de casque. Matelassure de cuirasse — Aux adjudants, dans les armes où ces effets leur étaient fournis par le service de l'habillement.	
Indemnité pour changement d'écussons et de pattes à numéros aux adjudants passant d'office d'un corps dans un autre, sans changer de subdivision d'arme.	

(1) Les besoins des corps de troupe auxquels la réglementation actuelle ne permet pas de satisfaire rentrent tous dans l'une des deux catégories suivantes ;

A) Ceux qui sont bien prévus par la réglementation actuelle mais qui ne paraissent pas suffisamment dotés ;

B) Ceux que la réglementation actuelle n'a pas prévus.

Après un examen attentif des considérations exposées à l'appui de demandes faites dans ces deux ordres d'idées, j'ai pris les décisions suivantes :

A) Pour les besoins déjà prévus par les règlements en vigueur, il n'y a pas lieu de majorer les allocations actuelles.

Celles-ci m'ont en effet paru suffisantes et l'intérêt supérieur qui commande de gérer les deniers de l'Etat avec la plus stricte économie, ne me permet d'augmenter aucune d'elles.

B) En ce qui concerne les besoins non prévus par la réglementation, il y a lieu de distinguer ceux qui peuvent être normalement compris dans une nomenclature et rattachés, pour l'imputation de la dépense, à l'un des fonds déjà existants, et ceux qui, par leur nature, échappent à toute réglementation.

A l'égard des premiers, lorsque la nécessité se manifestera d'engager une dépense déterminée, des propositions me seront faites en vue d'autoriser cette dépense et de l'ajouter à la nomenclature de celles afférentes à l'un des fonds déjà existants, sans que d'ailleurs la dotation de ce fonds soit majorée *ipso facto*.

Quant aux besoins de la 2ᵉ catégorie, il sera mis, pour y pourvoir, à la disposition des corps de troupe énumérés dans le tableau ci-joint, une allocation annuelle dont le montant est fixé par le même tableau et qui sera prélevée sur l'avoir du fonds commun de la masse d'habillement.

Les chefs de corps auront la libre disposition de ces allocations sous la seule condition de les employer exclusivement dans l'intérêt du service, et de faire autoriser chaque dépense par le général commandant la brigade ou par le général commandant la subdivision territoriale, si le corps ne fait pas partie d'une brigade. Les dépenses imputées sur les fonds de cette catégorie seront justifiées

DÉSIGNATION DES DEPENSES PRINCIPALES imputables A LA MASSE D'HABILLEMENT.		OBSERVATIONS.
Dépenses diverses pour le service général. (*Suite.*)	Manchon en toile pour les manœuvres.	
	Ceinture de natation.	
	Caleçon de bain.	
	Corde-brassière.	
	Collet à capuchon pour le service des plantons.	La dépense est supportée par les corps qui fournissent les plantons.
	Effets d'habillement en drap pour les infirmeries régimentaires.	
	Portefeuille à serrure.	
	Boîte à marques pour le magasin du corps.	
	Boîte à composteur — .	
	Coffre-fort pour conseil d'administration, pour trésorier ou pour officier en remplissant les fonctions.	
	Timbres humides et boîte avec leurs accessoires.	
	Tapis pour la table des séances du conseil d'administration.	
	Urne et accessoires.	
	Fanion d'alignement.	
	Presse autographique.	
	Matériel pour la salle d'honneur (1re mise).	
	Jeux dits « de bois » pour les salles de réunion des sous-officiers.	

par des pièces régulières, factures, mémoires, etc., établis dans les formes ordinaires; chaque année avant la fin du premier trimestre, il sera établi un compte d'emploi pour l'exercice écoulé; ce compte certifié conforme aux autorisations données par le général commandant la brigade ou la subdivision, suivant le cas, devra toujours être présenté aux inspecteurs généraux d'armes.

Tableau portant tarification du fonds éventuel.

Régiment d'infanterie (ligne, zouaves, tirailleurs, étrangers)	400f »
Bataillon d'infanterie formant corps	250 »
Compagnie ou section formant corps (toutes armes)	100 »
Régiment d'artillerie	400 »
Bataillon d'artillerie à pied	250 »
Régiment du génie	400 »
Régiment de cavalerie	300 »
Escadron du train	250 »

Une allocation spéciale de 50 francs par batterie et par compagnie en surnombre détachée en Algérie, en Tunisie, en Corse ou aux groupe de batteries alpines des 14e et 15e régions, est faite aux commandants de groupe ou de détachements, par prélèvement sur le fonds commun de la masse d'habillement du corps de rattachement. Ces commandants emploient ces fonds et rendent compte des dépenses effectuées en se conformant aux prescriptions ci-dessus.

Les trésoriers portent en dépense à leur journal les sommes à valoir sur la dotation à mesure qu'ils acquittent les dépenses ordonnées par les chefs de corps pour être imputées sur ce fonds.

En aucun cas, le total de la dépense d'un exercice ne doit dépassser le montant de la dotation, et, si le crédit n'est pas complètement employé, le reliquat ne vient pas s'ajouter au crédit de même nature à ouvrir sur l'exercice suivant, il restera acquis au fonds commun de la masse d'habillement (Note du 9 février 1897.)

DÉSIGNATION DES DÉPENSES PRINCIPALES imputables A LA MASSE D'HABILLEMENT.				OBSERVATIONS.
Dépenses diverses pour le service général. (*Suite.*)			Objets divers pour les commissions de vérification et de réception des matières et effets.	
			Rideaux pour le magasin du corps.	
			Arrosoirs pour le magasin du corps.	
			Pièges à rats pour le magasin du corps.	
			Bascules et accessoires pour le magasin du corps.	
			Emporte-pièces pour attributs divers.	
			Double-mètre étalonné pour mesurer la taille des hommes nouvellem^t incorporés.	
			Ruban métrique.	
			Frais de transport.	
	Publications et registres divers.		Annuaire militaire (1).	(1) Un seul exemplaire, même pour les corps fractionnés.
			Ouvrages et recueils divers dont l'achat est autorisé par le ministre.	
			Reliure de la partie réglementaire du *Bulletin officiel*.	
			Brochage de la partie supplémentaire du *Bulletin officiel*.	
			Reliures ou brochages autorisés par le Ministre.	
		Registres	de l'officier de casernement.	
			pour l'inscription de la consommation d'eau.	
			des conférences.	
			Fournitures de bureau pour l'officier de casernement.	
			Répertoire des réservistes et listes extraites des répertoires.	
			Couvertures et barrettes à écrou pour les feuillets matricules des hommes de l'armée active et des réservistes.	
			Couvertures et barrettes à écrou pour les feuillets matricules des officiers de réserve et de l'armée territoriale.	
			Réfection des dossiers annexes de mobilisation et des pièces qui les composent, pour les unités du temps de paix.	

DÉSIGNATION DES DÉPENSES PRINCIPALES imputables A LA MASSE D'HABILLEMENT.			OBSERVATIONS.
Dépenses diverses pour le service général. (*Suite.*)	Publications et registres divers. (*Suite.*)	Réfection des dossiers annexes de mobilisation et des pièces qui les composent, pour les unités à former à la mobilisation. Fournitures des feuillets matricules pour les hommes des services auxiliaires et pour les hommes naturalisés, ainsi que des couvertures à barrettes destinées à renfermer ces feuillets. Dépenses occasionnées par le fonctionnement du bureau de mobilisation. Dépenses de chauffage et d'éclairage du bureau de mobilisation, lorsque ce bureau, en raison de l'exiguité des locaux, occupera plusieurs pièces, dont deux seront déjà chauffées et éclairées aux frais du major. Fascicule pour livret individuel. Carnet de comptabilité en campagne. Registre du personnel des officiers en campagne (1). Carnets à tenir en exécution du décret du 8 septembre 1889 (2).	

(1) La dépense qui résulte de la fourniture des feuillets du personnel nécessaires pour les officiers sans troupe, tant en temps de paix qu'en campagne, est supportée par la masse d'habillement (fonds commun) des corps ci-après désignés.

Section de secrétaires d'état-major et du recrutement........................	Pour le service d'état-major et des étapes, interprètes, archivistes, service du recrutement.
Régiment d'artillerie chargé de l'administration de la musique.................. ..	Pour les états-majors particuliers de l'artillerie et du génie.
Sections d'infirmiers militaires. Quand il y a plusieurs sections dans la même région, la dépense est également répartie entre elles.	Pour les médecins, pharmaciens, vétérinaires, officiers d'administration des hôpitaux.
Sections de commis et ouvriers militaires d'administration. Répartition comme ci-dessus, quand il y a plusieurs sections dans la région.	Pour les fonctionnaires de l'intendance militaire, les officiers d'administration des bureaux de l'intendance, des subsistances militaires, de l'habillement.
Compagnie de cavaliers de remonte affectés au dépôt dans lequel les officiers sont employés.	Officiers du service de la remonte.

(2) Armée active, réserve et armée territoriale.

DÉSIGNATION DES DÉPENSES PRINCIPALES imputables A LA MASSE D'HABILLEMENT.			OBSERVATIONS.
Dépenses diverses pour le service général. (*Suite.*)	Publications et registres divers. (*Suite.*)	Feuilles de papier blanc destinées à remplacer les folios matricules.	
		Folios individuels des officiers de tout ordre.	
		Registre des punitions.	
		Contrôle de compagnie ou liste d'appel.	
		Cahier de visite médicale journalière.	
		Registre des entrées après l'appel du soir et des punis (bataillons d'artillerie à pied et escadrons du train des équipages).	
	Différence de valeur entre les effets échangés, conformément au principe du roulement.		
	Subvention à la masse de casernement.		
	Entretien de la salle d'honneur.		
	Entretien des appareils et du matériel des bains de propreté.		
	Location des pendules pour corps de garde.		
	Dégradations diverses ne résultant pas de la faute des hommes.		
	Soufre pour les chambrées.		
	Huile de pétrole pour la destruction des insectes.		
	Désinfection des baquets et urinoirs.		
	Huile lourde employée à la désinfection des baquets et urinoirs.		
	Cruches pour les salles de discipline.		
	Paille pour les prisons.		
	Bassin à placer sur le couvercle des poêles des corps de garde et des chambrées.		
	Frais d'ajustage.		
	Crêpes et serges pour les cérémonies funèbres.		
	Frais de sépulture dans les places où il n'existe pas d'établissement hospitalier.		
	Vivres indûment consommés par un homme entré en position d'absence.		
	Vrilles et pitons pour l'arrimage des fusils dans les wagons (1).		

(1) Sections de secrétaires d'état-major et du recrutement, de commis et ouvriers militaires d'administration et infirmiers militaires, ces sections n'ayant point de masse des écoles. Pour les corps territoriaux, la dépense est supportée par le budget de l'habillement (1re section).

DÉSIGNATION DES DÉPENSES PRINCIPALES imputables A LA MASSE D'HABILLEMENT.		OBSERVATIONS.
Dépenses diverses pour le service général. (*Suite.*)	Caisse pour le transport des archives. Crachoirs et sable. Frais de bureau de la salle de rapport (1). Paillassons de jonc destinés aux locaux communs du corps. Frais d'affranchissement des commandes.	

NOTA. — Tous les effets et objets à la charge du fonds commun sont portés en sortie au titre du trimestre pendant lequel ils ont été mis en service et ils sont inscrits au registre auxiliaire tenu par l'officier d'habillement.

Quand ils sont réintégrés, ils sont versés au magasin commun du corps.

Leur valeur est inscrite à la colonne 23 § 2 du compte du fonds commun afférent au trimestre pendant lequel ils ont été mis en service et à la colonne 8 du compte afférent au trimestre pendant lequel ils ont été réintégrés.

(1) Bataillons d'artillerie à pied et escadrons du train des équipages militaires.

[illegible]	[illegible]
	[illegible]

[illegible]

TABLE DES MATIÈRES

TITRE PREMIER.

RÈGLES GÉNÉRALES CONCERNANT LES ALLOCATIONS.

CHAPITRE PREMIER.

RÈGLES D'ALLOCATION.

CHAPITRE II.

MASSE D'HABILLEMENT.

CHAPITRE III.

DÉCOMPTE DE LIBÉRATION.

TITRE II.

RÈGLES GÉNÉRALES CONCERNANT LE MATÉRIEL.

CHAPITRE PREMIER.

COMPOSITION DES APPROVISIONNEMENTS.

CHAPITRE II.

MAGASINS.

CHAPITRE III.

CRÉATION ET ENTRETIEN DES APPROVISIONNEMENTS.

CHAPITRE IV.

DÉCOMPTE DE LA VALEUR DES EFFETS.

TITRE III.

FONCTIONNEMENT DU SERVICE DANS L'ENSEMBLE DU CORPS.

CHAPITRE PREMIER.

ACTION DES CONSEILS D'ADMINISTRATION, DU CHEF DE CORPS, DES CHEFS DE BATAILLON ET DU MAJOR.

CHAPITRE II.

PERSONNEL D'EXÉCUTION.

TITRE IV.

FONCTIONNEMENT DU SERVICE DANS LA COMPAGNIE.

CHAPITRE PREMIER.

RÈGLES GÉNÉRALES.

CHAPITRE II.

CRÉATION ET ENTRETIEN DE L'APPROVISIONNEMENT DE COMPAGNIE.

CHAPITRE III.

REMISE ET REPRISE DES EFFETS AUX HOMMES.

CHAPITRE IV.

MATÉRIEL HORS DE SERVICE.

TITRE V.

DISPOSITIONS SPÉCIALES.

CHAPITRE PREMIER.

HOMMES DE LA DISPONIBILITÉ ET DE LA RÉSERVE.

CHAPITRE II.

HOMMES DE L'ARMÉE TERRITORIALE.

TITRE VI.

ÉCRITURES ET COMPTABILITÉ INTÉRIEURES.

CHAPITRE PREMIER.

ÉCRITURES DE L'OFFICIER D'HABILLEMENT.

CHAPITRE II.

ÉCRITURES ET COMPTES DES COMPAGNIES ET DU TRÉSORIER.

TITRE VII.

SURVEILLANCE ADMINISTRATIVE.

TITRE VIII.

MOBILISATION ET SERVICE EN TEMPS DE GUERRE.

CHAPITRE PREMIER.

MOBILISATION.

CHAPITRE II.

SERVICE EN TEMPS DE GUERRE.

TITRE IX.

DISPOSITIONS NON ABROGÉES.

TABLE DES TARIFS ET MODÈLES

ANNEXÉS AU RÈGLEMENT.

TABLE DES TARIFS ET MODÈLES

ANNEXÉS A L'INSTRUCTION.

ANNEXES

Paris et Limoges. — Imprimerie militaire Henri CHARLES-LAVAUZELLE

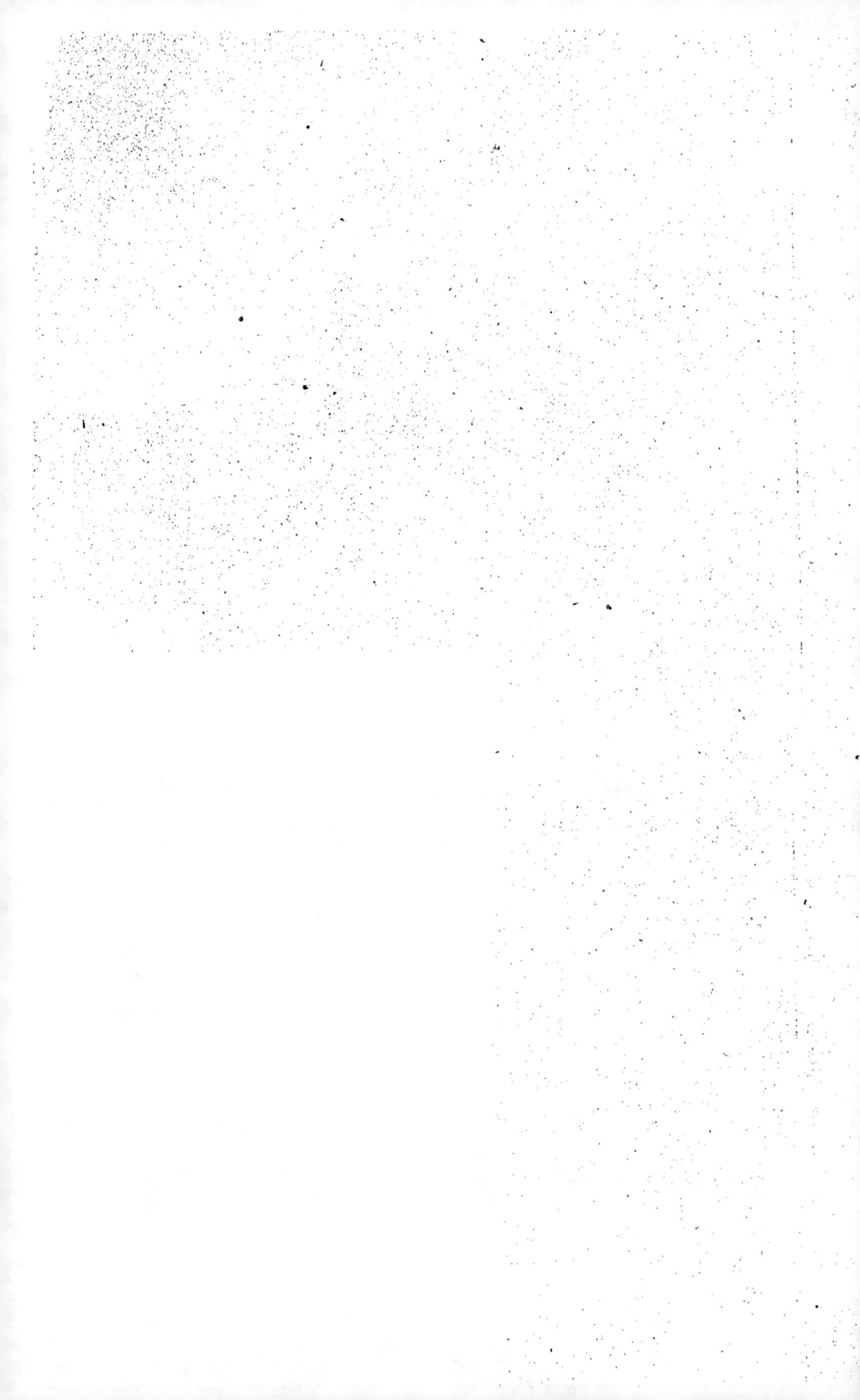

Paris et Limoges. — Imprimerie militaire Henri CHARLES-LAVAUZELLE.

www.ingramcontent.com/pod-product-compliance
Lightning Source LLC
Chambersburg PA
CBHW072348200326
41519CB00015B/3697